KB138768

나 혼자, 간다

혼자 떠나는 여행이 가르쳐준
인생의 12가지 지혜

옮긴이 권새봄

고려대학교 신문방송학과를 졸업하고 파리정치대학교 대학원에서
국제관계학(개발학) 석사학위를 받은 후 개발협력 분야에서 일했다.
서울대학교 환경대학원 환경계획학과 환경관리 박사과정을 수료한 후에는
환경단체에 근무하며 출판기획과 번역을 하고 있다.

나 혼자, 간다 혼자 떠나는 여행이 가르쳐준 인생의 12가지 지혜

초판 발행 2018년 12월 11일

지은이 미카엘 피나톤
옮긴이 권새봄

펴낸이 이성용
책임편집 박의성 **책디자인** 책돼지

펴낸곳 빈티지하우스
주 소 서울시 마포구 양화로11길 46 504호(서교동, 남성빌딩)
전 화 02-355-2696 **팩 스** 02-6442-2696
이메일 vintagehouse_book@naver.com
등 록 제 2017-000161호 (2017년 6월 15일)

ISBN 979-11-89249-09-0 13320

- 이 책 내용의 전부 또는 일부를 사용하려면 반드시 저작권자와 빈티지하우스의 서면동의를
  받아야 합니다.

- 빈티지하우스는 독자 여러분의 투고를 기다리고 있습니다.
  책으로 펴내고 싶은 원고나 제안을 이메일(vintagehouse_book@naver.com)으로 보내주세요.

- 파손된 책은 구입하신 서점에서 교환해 드리며 책값은 뒤표지에 있습니다.

나 혼자, 간다

혼자 떠나는 여행이 가르쳐준
인생의 12가지 지혜

빈티지하우스
VINTAGE HOUSE

나는 혼자 떠나는 여행에서
진짜 나를 만났다

내 이름은 미카엘 피나톤이다.

이 책을 쓰는 지금은 남미를 여행 중이다.

예상했겠지만, 혼자다.

2008년 슬로바키아 교환학생을 시작으로 나는 여행에 중독되었고, 그 후로 10년이 넘는 시간을 해외에서 보냈다. 유럽의 곳곳을 홀로 쏘다녔고, 슬로바키아와 캐나다, 스페인, 필리핀, 콜롬비아에서는 잠시 살아보기도 했다. 미국, 인도네시아, 태국, 대만, 말레이시아도 내 여행지였다.

그곳에 아는 사람이 없어도, 계획이 엉성해도 나는 혼자 여행을 떠났다.

왜 혼자 여행해야 할까?

당신은 어떤 생각이 드는가?

혼자 떠나는 여행은 누군가에게는 짜릿한 모험이 되고, 또 다른 누군가에게는 두려움과 걱정거리가 된다.

"어떻게 혼자 여행을 할 수 있나요?"

많은 사람들이 내게 이렇게 묻는다.
어떤 사람들은 용감하다고 말하고, 또 어떤 사람은 미쳤다고 말한다.

하지만, 나는 용감하지도 미치지도 않았다.

단지 행복해지는 길을 스스로 발견하기 위해 선택을 한 것뿐이다.

내 인생이 지속적으로 성장하는 길을 따랐을 뿐이다.

(다행스럽게도 아직 목숨이 붙어 있다.)

처음에는 혼자 떠나는 여행이 그저 좋았다.

몇 번의 경험이 쌓이자 혼자 떠나는 여행이 가진 엄청난 힘을 깨닫게 되었다.

나는 이 생각을 여러분과 나누고 싶다.

길 위에서 만난 소중한 경험을 나누고 싶어졌다.

혼자 여행을 떠날 수 있도록 당신에게 용기와 영감을 불어넣기 위해, 두려움 때문에 혼자 떠나지 못하는 사람을 위해, 혼자 떠나는 여행의 좋은 점을 구체적으로 보여주기 위해 나는 이 책을 썼다. 사람들이 쉽게 발견하지 못하는 혼자 떠나는 여행의 빛을 꺼내 보여주고 싶었다.

우리는 지금까지 혼자 떠나는 여행의 단점과 문제점을 수없이 들어왔고, 때문에 두려워했다.

이제부터는 조금 다른 (어쩌면 완전히 다른) 관점에서 혼자 떠나는 여행 이야기를 듣게 될 것이다.

이 책은 혼자 떠나온 여행에 대한 이야기다.

내가 했던 모든 여행, 특히 혼자 떠났던 여행은 내 삶을 완전히 바꿨다고 장담할 수 있다.

내 인생은 새로운 문화와 압도적인 풍광, 특별한 인연을 만나 풍요로워졌다. 스스로에 대해 좀 더 깊게 알게 되었고, 새로운 기술도 습득할 수 있었다.

이 책에 담긴 이야기는 내가 길 위에서 직접 경험한 기억이고, 낯선 곳에서 머물렀던 기억이다. 또한 내가 만났던 혼자 여행을 떠나온 사람들에 대한 기억이자 낯선 곳에 살고 있는 사람들에 대한 기억이다.

이 책은 이런 기억들을 바탕으로 혼자 떠나는 여행을 분석한 책이다. 혼자 떠나는 여행의 첫걸음을 떼는 데 이 책의 조언과 정보가 도움이 되기를.

자, 이제 여행을 떠나보자.

목차

혼자 떠나는 여행이
내게 가르쳐준 것들

혼자 떠나는 여행의 장점을 나열하자면 끝이 없다.

여기서는 당신을 좀 더 쉽게 설득하기 위해 함께하는 여행에서 반드시 발생하는 골칫거리들을 먼저 이야기해볼까 한다.

누군가와 함께하는 여행에서는 출발하는 순간부터 무수히 많은 지점에서 **의견 충돌**이 발생한다. (여행 내내 끝없는 논쟁과 말싸움에 휘말려 결국 목소리 큰 사람에게 끌려 다니는 모습이 눈에 훤하다.) 이것만으로도 함께하는 여행은 곤혹스러운 경험이 된다.

**원하지 않지만,
우리는 자주 이런 상황에 처한다.**

우리는 혼자 있는 것이 두려워 누군가와 함께하는 여행을 선택한다.

대부분의 경우 순탄한 여행을 위해 '나'의 계획과 욕망, 심지어 꿈의 일부를 희생할 것을 결심해야 한다.

나는 게스트하우스나 에어비앤비로 예약한 현지 느낌 가득한 숙소를 꿈꿨다.

하지만 일행은 모든 것이 제공되는 편안한 호텔을 원할 수도 있다.

여행하고 싶은
국가, 도시, 지역

여행 예산

먹을 음식의
종류

여행
날짜와 기간

느긋하게 또는
빡빡하게 짜인
여행의 속도

여행에서
하고 싶은
활동들

숙박시설의
종류

이용할
교통수단의 종류

그 외 다수

나는 오지를 탐험하듯 미지의 세상을 돌아다니고 싶다.

하지만 일행은 오후 내내 해변의 느긋함을 즐기고 싶어 할 수도 있다.

새로운 문화를 체험하고 인연을 만들기 위해 저녁에 밖으로 나가고 싶지만 일행은 조용히 책이나 읽으며 저녁시간을 보내고 싶어 할 수도 있고, 적은 예산으로 고군분투하는 것이 진짜 여행이라고 생각하지만 일행은 정해진 일정대로 움직이고 싶어 할 수도 있다.

인간은 모두 서로 다른 욕구를 지니고 있다. 서로 다른 욕구를 지닌 존재가 함께 여행을 하다 보면 많은 문제와 혼란이 발생하는 것은 어쩌면 당연하다.

안타까운 점은, 이 사실을 지구 저 반대편에 도착해서야 깨닫게 된다는 것이다.

**누군가와 함께하는 여행이
반드시 우울한 것만은 아니다.**

여행은 무조건 좋은 경험이 된다. 혼자 떠나는 여행이든 누군가와 함께하는 여행이든 상관없다. 여행을 떠나지 않는 것보다는 누군가와 함께라도 여행을 떠나는 편이 더 낫다. 친구들과, 가족과, 연인과 함께 여행하면서도 충분히 좋은 기억을 남길 수 있다. 나 역시도 친구들과 또 연인과 함께 여행한 적이 있고, 전반적으로 매우 좋은 경험이었다.

여행이나 삶을 바라보는 관점이 나와 비슷한 사람, 그러니까 나와 똑같은 욕망을 가진 사람을 찾는 게 완전히 불가능한 일은 아닐지도 모른다. 내 경우 대부분의 여행은 혼자였지만 엉뚱한 곳에서 친구들과 조우하는 신기한 경험도 종종 했고, 낯선 곳에서 낯선 이와 일행이 되기도 했다.

함께하는 여행의 지지자 쟌느와 이야기를 나눈 적이 있었다. 몇 주 전 게스트하우스에서 만난 쟌느는 8개월간의 남미 여행을 마치고 막 돌아온 참이었다. 우리는 혼자 떠나는 여행과 함께하는 여행에 대해 많은 이야기를 나눴다.

여행의 80퍼센트 이상을 친한 친구와 함께했던 쟌느는 확신에 찬 말투로 다시 여행을 하더라도 같은 친구와 동행하겠다고 말했다. 비록 몇 가지 문제들과 맞닥뜨리긴 했지만, 상호보완적인 성격 덕분에 여행 내내 제법 죽이 잘 맞았다고 한다.

누군가와 함께하는 여행이
반드시 우울한 것은
아니다.

여행에서는 수많은 일들이 일어난다.

선택은 물론 당신의 몫이다.

원하는 누구와도 여행을 떠날 수 있다.

하지만 혼자 떠나는 여행도 있다는 사실을 잊지 않았으면 좋겠다.

혼자 떠나는 여행은 그렇게까지 두려운 일이 아니다.

혼자 떠나는 여행은 그렇게까지 복잡하지 않다.

게다가 누구나 혼자서 여행을 떠날 수 있다.

혼자 떠나는 여행의 장점과 혼자 여행을 하며 얻게 되는 이점은 어마어마하다.

지금부터 혼자 떠나는 여행이 가져다주는 가장 큰 12가지 선물에 대해서 알려주겠다.

1

마음이 끌리는 곳으로
떠나는 자유

어느 나라, 어느 도시든 내가 원하는 곳을 목적지로 선택할 수 있는 자유로움이 혼자 떠나는 여행의 첫 번째 장점이다.

여행의 목적지를 결정하는 것은 오직 당신의 취향뿐이다. 어느 장소에 가든 그 결정을 정당화할 어떤 의무도 없고, 누구도 이의를 제기하지 못한다!

오직 발걸음이 이끄는 대로
직관과 호기심을 따라가면 된다.

대도시를 선호한다면 도시에서 시간을 더 보내도 되고, 외딴섬의 고요함을 선호한다고 해도 아무런 문제가 되지 않는다. 아무도 당신을 저지할 수 없다.

지금 그곳을 당장 떠나고 싶은가?
그렇다면 다음에 오는 버스, 택시, 기차를 타고 그곳을 떠나면 된다.

낯선 여행자에게 들은 계획에 없던 축제에 참여하고 싶은가?
문제없다. 그들과 함께 축제에 가서 즐거운 시간을 보내면 된다.

숙소 주변을 가득 채운 관광객들에게서 벗어나고 싶은가?

인터넷도 필요 없다. 현지인들에게 관광객이 없는 곳이 어디냐고 물어보고, 그들이 추천한 곳에서 하루 종일 시간을 보내라.

혼자서 여행을 하면 내 위주로 계획을 빠르게 수정하고 무한대로 변경할 수 있다. (실제로 나는 매번 계획을 변경했다!)

이런 변동성은 여행을 흥미진진하게 만드는 속성 중 하나다. 함께하는 여행, 특히 단체여행이 결정적으로 흥미가 떨어지는 것도 (결정할 것도 거의 없지만) 결정의 속도가 느릴 뿐만 아니라 타인을 배려하느라 계획을 바꾸기 어렵기 때문일 수도 있다.

오직 발걸음이 이끄는 대로

직관과

호기심을

따라가면 된다.

혼자서 여행을 하면 얻게 되는 자유의 진정한 가치를 깨달았던 순간
은 2012년 필리핀 배낭여행에서였다. 배낭 하나와 마닐라로 가는
비행기 표 한 장, 팔라완으로 가는 비행기 표 한 장이 내가 가진 전부
였고, 아무런 계획도 일정도 (심지어 아는 사람도) 없이 필리핀으로
떠났다.

여행자들과 현지인들을 만나면서 내가 어떤 섬에 마음이 끌리는지,
어떤 활동에 참여하고 싶은지 비로소 알게 되었고, 비행기나 배를

타고 이 아름다운 섬들 어디든 내가 원하는 대로 갈 수 있다는 자유
가 내게 주어졌다는 것을 비로소 깨닫게 되었다.

나는 마침내 어떤 관계에도 얽매이지 않고 내가 원하는 곳 어디든
지 갈 수 있는 자유를 만끽할 수 있게 되었다.

나는 종종 즉흥적으로 결정을 내리곤 했다.

마닐라에서 배로 3~4시간 걸리는 푸에르토갈레라의 매력적인 화이
트비치는 나를 2주나 더 그곳에 머물게 했다. 원래 계획은 음악 페
스티발이 열리는 3일만 지내는 것이었다. 하지만 게스트하우스에서
매일 신선한 생선을 맛보며 훌륭한 시간을 만끽하고 있었기에 쉽게
그곳을 떠날 수 없었다.

카미권이라는 화산섬에서는 아름다운 화이트비치를 일주일 내내 독
점하는 호사를 누리기도 했지만 세부의 도심은 그렇게 마음에 들지
않았다. 1~2주 정도 머물면서 도시 생활을 해보려 했는데 분위기가
썩 마음에 들지 않아 이틀 만에 짐을 싸기도 했다.

① 더 독립적인 사람이 된다.

사용 가능한 정보(인터넷, 책, 여행자들과의 대화 혹은 현지인들에게 얻은 조언)를 참고해서 내 맘대로 결정을 내린다.

② 더 책임감 강한 사람이 된다.

모든 결정의 책임을 오로지 스스로 져야 한다. (목적지를 잘못 선택해도 누구를 탓할 수 없다.) 어떤 일이 무슨 이유로 잘 진행되지 않았는지를 충분히 숙지한 후 반복하지 않는 것도 여전히 자신의 몫이다.

혼자 여행을 하다 보면 여행의 어떤 부분이 내 마음을 이끌었는지 알아가는 충분한 시간을 가질 수 있다. 혼자 떠나는 여행의 경험이 쌓일수록 여행지에 대한 자신의 느낌을 빠르게 판단하고 다음 결정을 내리는 데 도움이 될 것이다.

2
나만의 속도로
여행하는 기쁨

두 번째 장점은 다른 사람에게 맞출 필요 없이 나만의 속도로 여행할 수 있다는 것이다.

온전히 내가 원하는 속도로, 순간순간의 느낌에 따라 여행을 즐길 시간이다!

여행의 속도는 사람마다 제각각이다.

빠른 속도로 관광하는 여행을 좋아하는 사람도 있고, 최소한의 시간으로 최대한의 활동을 즐기고 싶은 사람도 있다. 충분한 시간을 들여 유적지나 풍경을 눈에 담고 싶은 사람도 있고, 몇 주씩 한곳에 머무르면서 현지인들이 어떻게 생활하는지 체험하고 싶은 사람도 있다.

특정 장소와 사랑에 빠져 몇 달 혹은 몇 년씩 그곳에 머물기로 결정하는 사람도 간혹 있다. 한곳에 몇 달씩 묵는 여행을 보통 '롱 스테이(long stay)' 또는 '슬로우 트레블(slow travel)'이라고 하는데, 지금부터 소개할 알리제와 막심은 굉장히 느린 속도로 진행되는 이 여행에 정통한 사람들이다.

벨기에 출신의 알리제와 캐나다 퀘백 출신의 막심은 탄자니아에서 처음 만났다. 실내건축을 전공한 알리제는 탄자니아에서 유급인턴십 중이었고, 막심은 어머니가 태어난 킬리만자로에 가는 길이었다고 한다. 둘이 만났을 때는 이미 여행의 맛에 흠뻑 취해 있던 상태였다.

―――――

알리제 우리는 일하면서 여행을 했어요. 뉴질랜드에서는 농장에서 일하며 경비를 마련하기도 했죠. 막심과 저는 한곳에 오래 머물면서 여행하는 것을 좋아해서 현지에서 일을 구하는 게 익숙해요. 묵고 있던 호텔에서 일한 적도 있고, 축제가 있으면 그 일을 돕기도 했죠. 여행하고 싶은 곳의 호텔이나 레스토랑에 먼저 연락해서 일을 구한 적도 있어요. 여행 기간은 보통 2주 정도인데, 절반은 일을 하고 절반은 휴가를 만끽합니다.

막심 주의가 필요한 부분도 많아요. 우리가 일했던 곳은 대부분 숙소와 식사를 제공했는데, 직접적으로 돈을 주고받는 게 아니라 계약서도 작성하지 않았거든요. 서로를 이용하지 않도록 적정선을 지키는 것이 중요해요. 일을 시작하기 전에 호스트와 대화를 충분히 나누면서 서로의 기대치를 확인하면 불필요한 오해를 막을 수 있습니다. 물론 플랜B를 준비해두는 것도 필요하고요. 무엇보다 감정적으로 다가가는 게 아니라 균형을 잡고 일하는 게 중요해요.

여행의 속도는
사람마다
제각각이다.

알리제　하우스시팅house sitting을 한 적도 있어요. 휴가를 떠나는 사람들의 반려동물을 돌봐주면서 그 집에 묵는 건데, 신원 보증을 요구하는 사람도 있습니다. 그럴 땐 이전에 하우스시팅을 했던 집에서 추천해주기도 하고, 하우스시팅을 소개해주는 웹사이트에서도 우리가 어떤 사람인지 확인해주기도 합니다.

막심은 여행 관련 사이트도 직접 운영하고 있는데, 여행하면서 찍은 사진도 팔고 광고 수익도 올리고 있다고 한다. 그는 '균형'을 중요하게 생각했다. 여행을 하지 않을 때는 아르바이트를 하면서 아주 적은 돈으로 생활을 영위하는데, 그나마도 대부분 저축을 한다고 한다. 나중에 가족을 이루기 위해서는 안정적인 수입이 필요한데, 그 부분을 놓치지 않기 위해 항상 고민하고 있다.

알리제와 막심의 경우와는 반대로 최대한 많이 보는 게 남는 것이라고 생각하는 여행자들도 많다. 이들은 최대한 많은 국가, 최대한 많은 도시, 최대한 많은 유적지와 관광지를 여행하면서 쉴 새 없는 활동으로 여행을 가득 채우려고 한다. 서른다섯 살 이전에 전 세계 모든 국가를 방문하는 것이 목표였던 크리스 길아보*가 대표적이다.

크리스 길아보는 실제로 2002년부터 2013년까지 12년 동안 전 세계 모든 국가에 자신의 발자국을 남겼고, 지금도 매년 20개 국가를 여행하고 있다. 그는 여행에서 깨달은 인생의 지혜와 색다른 여행 전략을 팟캐스트와 책을 통해 소개하고 있는데, 영어가 가능하다면 들어볼 만하다.

어떤 여행 방식이 우월하다고 말할 수는 없다. 하지만 좋은 여행의 기준에 대해서는 자신 있게 이야기할 수 있다. 바로 여행자의 성격과 주어진 시간, 목적에 맞는 여행이다!

혼자 떠나는 여행은 온전히 자신의 성향에만 집중해 자신의 속도로 자유롭게 할 수 있는 최고의 여행이 될 것이다.

* 크리스 길아보의 대표작은 국내에서 《100달러로 세상에 뛰어들어라》, 《쓸모없는 짓의 행복》, 《두 번째 명함》으로 소개되었다.

나는 여러 가지를 탐색하고, 사람들과 대화하며, 현지의 문화를 체험하는 여행을 좋아한다. 이런 여행은 충분한 시간을 필요로 하고 느리게 진행되지만 나의 삶을 더욱 풍요롭게 만들었다.

이 책을 쓰고 있는 2015년 3월, 나는 콜롬비아 북쪽에 위치한 바랑키야에 머물고 있었다. 관광도시도 아니어서 할 게 별로 없는 곳이었다. 하지만 현지인들과 생활하면서 콜롬비아의 문화에 익숙해지고 스페인어 실력도 늘리기 위해 바랑키야에서 몇 달을 더 보내기로 결심했다.

다른 계획도 있었지만 나는 아무 상관이 없었다. 어차피 콜롬비아의 모든 볼거리들을 죄다 볼 수도 없는 노릇이고, 모든 해변을 즐길 수도, 모든 도시를 방문할 수도 없지 않은가?

남은 인생은 여전히 길다. 나는 느린 속도로 여행할 때 비로소 그곳의 맥박이 뛰는 것을 느낄 수 있다고 믿는다. 낯선 곳에서 일어나는 일들에 내가 더 쉽게 다가설 수 있으리라 믿는다.

내게 만약 일행이 있었다면? 장담하건데 느린 속도의 여행을 마음에 들어 하는 일행은 한 명도 없었을 것이다.

여행의 속도가 가져온 변화

자신의 목표, 단순하게는 순간적인 호기심을 따르는 여행은 인생의 고삐를 직접 쥐어보는 경험이 된다. 오직 자신의 속도로 하는 여행은 말 그대로 누군가 강요한 속도를 따를 필요가 없다. 다른 사람의 속도에 맞출 필요도 없다.

나만의 속도로 하는 여행에 익숙해지면 여행의 만족도는 극대화된다. 하지만 어쩌면 당신은 다람쥐 쳇바퀴 도는 일상으로 복귀하는 데 어려움을 겪게 될지도 모른다. 집-회사-집처럼 시간과 장소라는 선택지가 제한적인 일상을 살았다면 더욱 그럴 것이다.

하지만 무슨 상관이겠는가?
길 위에 있는 순간에는 오직 당신의 시간을 즐기면 된다.

3

**온전한 나를 만나는
충분한 시간**

혼자 떠나는 여행의 세 번째 장점은 누구와 함께 시간을 보낼지 내가 결정할 수 있다는 점이다.

내가 여행을 떠나는 가장 큰 이유 중 하나는 새로운 사람을 만나는 것이다. 나는 새로운 사람과 만나는 것을 아주 좋아한다. 여행에서 현지인들을 만나고 다른 여행자들을 만나면서 나는 삶을 더 풍요롭게 만들 기회를 얻고, 나를 둘러싼 세계에 대한 새로운 사실과 새로운 시각을 배울 기회도 얻는다.

여럿이 또는 누군가와 함께 여행할 때는 아무래도 무리에서 벗어나지 않게 되는 경향이 있다.

함께 여행할 때는 외부인에게 마음을 열기가 쉽지 않다. 소속감의 논리로 보면 집단이라는 것은 우리를 안심시키는 기능을 수행하기 때문에 이런 행동은 합리적으로 보인다.

소속감 때문에 우리는 여행에서 많은 기회를 놓친다.

가장 안타까운 것은 일행 안에서만 머물면 다른 사람들을 만날 수많은 기회가 사라진다는 점이다. 대부분의 여행에서 매순간 발생하는 새로운 만남의 기회를 우리는 그냥 지나쳐버리고 만다.

누군가와 함께했던 가장 최근의 여행을 떠올려보라.
낯선 사람과 5분 이상 대화를 나눈 적이 몇 번이나 있는가?
대단한 숫자는 아닐 것이다. 지극히 당연하다.

혼자 떠나는 여행에서는 이 숫자가 10배 이상 치솟을 수 있다. 결과적으로 그만큼 새로운 사람과 사귈 기회가 늘어난다는 뜻이다.

우리는 모두 서로 다른 취향을 가지고 있고, 같이 있고 싶은 사람의 유형도 제각각이다. 만약 당신은 완전히 다른 문화권에서 온 여행자들 혹은 현지인들과 어울리고 싶지만 당신의 일행은 같은 국적의 사람들과 어울리고 싶어 한다면 어떻게 할 것인가? 지리한 논쟁과 타협의 과정이 또다시 반복될 것이고, 그 과정을 거쳐도 해결하기 쉽지 않다.

내가 여행을 혼자 떠나는 결정적인 이유가 바로 이것이다. 낯선 곳으로 발걸음을 옮겨 그들의 역사와 문화, 삶의 방식을 발견하고 싶다면, 발견한 것들을 통해 새로운 수많은 것들을 배우고 싶다면, 혼자 떠나야 한다.

여행은
혼자 시간을 보낼 수 있는
가장 좋은 방법이다.

만약 무언가 마음에 들지 않는다면, 그저 안녕이라고 말하고 홀연히 떠나도 된다. 인내할 필요도, 아무것도 아닌 일에 머리를 싸맬 필요도 없다.

여행은 혼자 시간을 보낼 수 있는 가장 좋은 방법이다.

누구와 시간을 보낼지 선택할 수 있다는 말은 그 '누구'가 내가 될 수 있다는 뜻이기도 하다.

혼자 있고 싶은 순간에는 혼자 시간을 보내면 된다. 당신이 내향적이든 외향적이든 상관없다. 우리에게는 혼자만의 시간을 누릴 권리가 있다. 혼자 떠나는 여행에서는 누구도 당신의 평온을 방해하지 못한다.

그리고 어쩌면, 마음 속 깊은 곳에서 오랜 시간을 함께하길 원하는 그 사람은 우리 자신일 수 있다.

나는 내향적인 사람이다.

나에게는 홀로 있는 시간이 가장 소중하다.

일을 하고, 책을 읽고, 운동을 하고, 새로운 것을 배우고, 명상을 할 때, 나는 혼자다.

내가 혼자 떠나기로 선택한 이유는 수없이 많다. 내향적인 성격은 그 수많은 이유 중 하나다. 누군가와 24시간을 함께한다는 것은 내 성격 상 꽤 어렵다는 사실을 여행을 통해 깨달았다. 나는 내가 혼자인 것을 스스로 결정하고 싶었고, 혼자 떠나는 여행을 선택했다.

물론, 새로운 사람들과 보내는 시간은 매우 즐겁다. 그저 누군가와 억지로 함께 있는 상황에 처하기보다는 주도적으로 누구와 시간을 보낼지 선택하고 싶을 뿐이다.

혼자 여행을 떠나면 내가 좋아하는 사람들과 더 의미 있는 시간을 보낼 수 있고, 내 인생에 부정적인 영향을 주는 사람들과 함께하는 시간을 '차단'할 수 있다.

시간을 함께 보낼 사람을 선택하면서 일어난 변화

시간을 함께 보낼 사람을 선택할 수 있다면 당신이 선택할 수 있는 세상은 좀 더 풍요로워진다.

만약 새로운 언어를 배우고 싶다면 그 언어를 구사하는 사람들과 시간을 보내면 된다. 모험을 즐기고 싶다면 새로운 세계로 인도해줄 현지인이나 경험 많은 여행자를 찾아 시간을 보내면 된다. 그들과 함께 보내는 시간은 당신을 당신이 원하는 방향으로 변화시킬 것이다.

이런 경험을 통해 다른 사람이 당신에게 어떻게 영향을 미치는지 그 원리를 이해하게 될 수도 있다. 또한 자신이 어떤 사람들과 더 많은 시간을 보내고 싶어 하는지 알게 될 수도 있다.

다시 집으로 돌아왔을 때도 당신이 깨달은 것들은 그대로 남아 삶을 풍요롭게 해줄 것이다.

4

하고 싶은 것을
할 수 있는 자유

혼자 떠나는 여행의 네 번째 장점은 여행을 계기로 삶을 원하는 대로 개척할 수 있고 진정으로 내가 좋아하는 것이 무엇인지 발견할 수 있다는 점이다.

실제로 원하는 장소에, 함께하고 싶은 사람과, 알맞은 속도로 여행할 수 있는 자유를 누리고 있다면, 이제 다음 단계를 밟을 차례다.

당신이 하고 싶은 것을 하라.

가보고 싶었던 식당에서 밥을 먹는다.

자고 싶을 때 잠을 잔다.

파티를 하고 싶으면 파티를 한다.

아무것도 안 할 수 있는 자유를 누릴 수도 있다!

하고 싶은 것을 하는 자유는 매력적이다.

당신도 분명 좋아할 거라고 장담한다.

우리 모두는 열망과 욕망을 지닌 존재들이다. 함께 여행을 한다면, 일행이 하고 싶은 것들의 목록은 일행의 인원수만큼 늘어날 것이다.

- **당신은 야외 활동을 좋아하지만, 일행은 휴양을 좋아한다.**

- 당신은 파티광이지만, 일행은 아침형 인간이다.

- 당신은 현지식을 선호하지만, 일행은 프랜차이즈 패스트푸드를 신뢰한다.

- 당신은 자연에서 시간을 보내고 싶어 하지만, 일행은 도심에 있는 온갖 유적지와 박물관을 방문하고 싶어 한다.

- 당신은 새로운 사람을 만나고 싶지만, 일행은 우리끼리 있기를 바란다.

물론 일행과 따로 움직이면서 원하는 활동을 할 수도 있다. 하지만 이런 '단독' 행동은 그룹의 역학관계를 위반한다. 불필요한 대화를 거쳐야 하고, 높은 확률로 다툼으로 번진다. 교회 여름캠프에서는 이를 방지하기 위해 '혼자만의 시간'을 준비해놓기도 한다.

문제는 우리가 더 이상 여름캠프에 가지 않는다는 것이다.

이런 상황을 어떻게 예방할 수 있을까?

(힌트: 책 제목)

당신이

하고 싶은 것을 하라.

나 혼자 여행하면 원하는 모든 여가 활동을 할 자유가 주어진다. 밖으로 나가든, 숙소에서 휴식을 하든, 격렬한 신체 활동을 하든, 미술관에서 시간을 보내든 모든 것을 '내가' 선택할 수 있다!

게다가 당신과 똑같은 활동을 하고 싶은 사람들과 만날 수도 있는데, 이런 만남이 무엇으로 발전할지 누가 알겠는가? 내가 지금 묵고 있는 게스트하우스에서는 이런 일이 매우 빈번하게 일어난다!

금요일 저녁. 새로운 도시에 막 도착한 당신은 혼자 떠난 여행을 기념하기 위해 한잔하고 싶어졌다. 근처 바에 도착한 당신의 주변에는 여행자들로 가득하다. 그들과 대화를 하다 보니 나와 똑같은 활동을 하고 싶어 한다는 것을 알았다.

당신은 곧 몇 시간 안에 두 가지 목적을 달성할 예정이다.

즐거운 시간 보내기. 그리고 새로운 사람 알아가기.

필리핀에서 카우치서핑을 통해 여행하던 중 스쿠버다이빙 마니아를 만난 적이 있다.

필리핀은 스쿠버다이빙의 천국이고, 나는 항상 스쿠버다이빙을 해보고 싶었다. 그 친구와 대화를 나누다 며칠 후 스쿠버다이빙 시범 수업을 함께 듣기로 의기투합했다. 나는 엄청난 속도로 이 스포츠에 빠져들었고, 여행을 하는 동안 수십 번이나 바다에 뛰어들었다.

스쿠버다이빙 자격증도 땄고, 엄청나게 즐거운 시간을 보냈으니, 나에게는 매우 좋아하는 스포츠 종목이 하나 더 생긴 셈이다.

자유로운 활동을 선택하면서 찾아온 변화

행복하기 위해서는 우리를 행복하게 만들어주는 활동을 해야 한다. 나를 행복하게 해준다면 어떤 활동이든 상관없다. 다만, 그 활동을 주기적으로 해야 한다.

행복해지는 법은 간단하다. 다른 사람의 기대를 충족시키기 위해서가 아니라 내가 행복하기 위해 내가 원하는 것을 선택하라. 이런 경험이 삶을 행복으로 이끌어주고 나를 성장시킨다.

여행을 통해 얻을 수 있는 또 하나의 소득은 자기 나라에서는 할 수 없던 수많은 활동을 시도할 수 있다는 것이다. 당신이 하고 싶은 활동이 어떤 나라에서는 아예 할 수 없는 활동일 수도 있고, 할 수는 있는데 돈이 너무 많이 드는 활동일 수도 있다. (스쿠버다이빙을 내가 살던 곳에서 배우려면 어마어마한 돈을 써야 했다.) 무에타이처럼 특정한 국가(태국)에서만 배울 수 있는 활동이나 스포츠도 분명 존재한다.

5

스스로의 지평을 확장하는 무한한 선택지

혼자 떠나는 여행은 삶의 자립도를 넓혀준다.

이것이 다섯 번째 장점이다.

우리는 애초에 의존적인 존재로 태어났고, 스스로의 필요를 스스로 충족할 수 있기까지 오랜 시간이 걸린다. 성장과 자립은 우리 삶의 위대한 목적이지만, 이를 달성하기까지 걸리는 시간은 사람에 따라, 환경에 따라 다르다.

여행을 통해 스스로의 지평을 확장한다.

자립심과 독립심을 키우는 가장 강력한 방법은 혼자 여행을 떠나는 것이다. 스스로를 낯선 환경으로 내몰아야 하고, 오직 자신의 힘으로 생존해야 하기 때문이다.

혼자서 내려야 할 결정도 셀 수 없이 많다. 새로운 도시에서 몸을 뉘일 곳을 찾고, 하루 세끼를 챙겨 먹고, 하루를 무엇으로 채울지 스스로 결정해야 한다.

살아남기 위해 스스로 길을 헤쳐 나가는 수밖에 없다.

길을 잃었는가?

그렇다면 누군가에게 길을 물어봐야 한다.

무료한가?
그렇다면 무엇이든 할 일을 찾아야 한다.

여러 가지 활동을 제안 받았는가?
그렇다면 그중에서 하나를 선택해야 한다.

혼자 여행할 때, 우리는 (그것이 중요하든 중요하지 않든) 지속적으로 선택의 순간에 놓인다. 집에 있을 때처럼 일상이 자동주행 모드로 흘러가지 않는다. 무소의 뿔처럼 스스로 해나가야 한다. 자신의 계획과 안전, 예산을 관리하기 위해 더 큰 책임감을 가져야 한다.

그리고 책임감은 타고나는 것이 아니라 경험을 통해 체득하는 것이다.

여행을 통해
스스로의 지평을

확장한다.

2008년까지 나는 가족을 떠나 살아본 적도 없었고, (프랑스인이지만!) 요리에 관해서도 무지했다. 익숙한 공간에서 익숙한 사람들과 익숙한 일상을 보내고 있었다.

그럼에도 불구하고, 교환학생을 위해 나는 스물두 살에 슬로바키아로 혼자 떠났다.

낯선 세계에서 혼자 덩그러니 남겨졌던 그 경험은 내게 정말 많은 것들을 가르쳐주었다.

대학 입학 후 인턴십을 하면서 나는 처음으로 국제적(!)인 환경에 노출되었다. 대학에는 외국에서 유학 온 학생들이 정말로 많았다. 유럽 각지에서 온 학생들과 이야기해보니 대부분이 자신의 유학 생활에 만족하고 있었다.

세상은 생각보다 그렇게 큰 것 같지는 않았다. 해외로 떠나는 것도 어렵지 않다는 사실을 그때 알게 되었다. 교환학생 경험을 자신의 인생 최고의 경험으로 꼽는 학생들도 많았다. 개인적으로도 학교를 떠나야 할 이유가 생기자, 곧바로 대학 국제교류센터에 교환학생을 신청했다. 내 속에서 어떤 열망이 끓어오르는 것이 느껴졌다.

내가 선택한 곳은 슬로바키아 브라티슬라바였다. (혹시 들어본 적 있는가? 나는 교환학생 신청할 때 처음 들었다!) 자매대학 중 내가 듣고 싶은 과정을 영어로 진행하는 대학은 이곳과 노르웨이 두 곳이 있었는데, 나는 동유럽의 저렴한 물가를 선택했다.

비행기를 타기 전까지는 불확실함과 두려움으로 가득했다. 슬로바키아에 도착하면 좀 나아질 거라고 기대했지만, 지나친 낙관주의였다.

브라티슬라바 공항에 도착한 것은 밤 12시가 넘어서였다. 축제 분위기도 아니었으며, 영하의 기온에 눈까지 내리고 있었다. 나는 무엇을 해야 할지 감도 잡지 못한 채로 짐 속에 파묻혀 있었다.

다행스럽게도 같은 교환학생 프로그램으로 슬로바키아에 온 독일인 친구가 나를 발견해서 택시를 태워준 덕분에 슬로바키아에서의 새로운 여정을 무사히 시작할 수 있었다. 그리고 이 새로운 여정은 나에게 많은 것을 가르쳐주었다.

① 영어 실력

처음 슬로바키아에 발을 디뎠을 때, 내 영어 실력은 고등학교 시절에 배운 영어가 전부였다. 교환학생은 다양한 국적의 학생들이 모이기 때문에 영어로 소통할 수밖에 없는데, 영어를 하지 못하면 당연히 대화에 낄 수가 없었다. 수업도 죄다 영어로 진행하기 때문에 영어 실력이 늘지 않을 수 없었다. 다시 프랑스로 돌아왔을 때는 영어를 유창하게 구사했고, 덕분에 외국인들과 대화하고 싶다는 욕심도 생겼다.

② 다른 사람과 함께 사는 법

기숙사 생활을 하면서 포르투갈 학생과 한 방을 썼다. 화장실은 다른 방의 두 명과도 공유해야 했고, 층마다 하나씩밖에 없는 주방은 거의

50명이 함께 사용해야 했다. 가족 이외의 다른 사람과는 살아본 적이 단 한 번도 없던 나에게는 그야말로 '문화충격'이었지만 다른 사람과 나누고, 다른 사람을 존중하고, 다른 사람의 프라이버시를 존중하는 법을 배울 수 있는 기회이기도 했다.

③ 여행하는 법

교환학생을 하던 5개월은 내 생애 가장 많은 여행을 한 시기이기도 하다. 슬로바키아 구석구석을 매일 쏘다녔고, 불가리아와 루마니아에서 일주일 넘게 지내기도 했다. 매주 동유럽 여섯 개 나라로 떠났다. 프라하와 빈은 너무나 아름다웠고, 폴란드의 아우슈비츠에서는 분노했고, 슬퍼했다.

④ 독립적으로 생활하는 법

말 그대로 모든 것을 혼자 감당해야 했다. 원하는 무엇이든 할 수 있었고, 언제 어떤 방식으로든 할 수 있는 자유가 주어졌지만 처음에는 이 자유가 두려웠다. 스스로 예산을 관리하고, 장을 보고, 방 청소를 하는 사소한 일조차 당시의 나에게는 무척 큰 변화였다.

⑤ 인간관계

브라티슬라바는 분명 신나는 도시는 아니다. 하지만 내가 머물던 5개월 동안 쉴 틈 없이 바쁘게 지냈다. 나와 함께 우정을 나눈 사람들 덕분이다.

⑥ 다양성

프랑스에 사는 동안에는 외국인들과 만날 기회가 거의 없었다. 세상을 보는 시각도 대단히 협소했다. 하지만 브라티슬라바에서 다양한 국적의 사람들과 교류하면서 내가 세상을 사는 방식과는 완전히 다른 방식으로 살아가는 사람과 문화가 있다는 것을 깨달을 수 있었다.

⑦ 인내의 열매

처음에는 걱정이 많았다. 내가 전공한 분야에서는 교환학생을 하는 사람이 거의 없었기 때문에 수업 과정을 알기 위해서는 따로 직접 연락을 해야 했고, 서류를 제출하고, 설득을 해야 했다. 쉽지 않은 일이었지만 참을성 있게 일을 진행했고, 마침내 보석같은 경험을 내 것으로 만들 수 있었다.

⑧ 대학 교육

우리가 다른 방식으로 교육을 받는다면 어떨까? 다른 방식으로 능력을 쌓을 수 있다면 어땠을까? 슬로바키아에서 교환학생을 하는 동안 이 두 개의 질문이 내 머릿속을 맴돌았다. 프랑스식 교육은 분명 문제가 있었다. 학교가 우리에게 가르쳐준 것과 진짜 세상은 너무도 달랐다.

덤으로 외국에서는 적은 생활비로도 잘 살 수 있다는 사실도 배웠다. 슬로바키아 슈퍼마켓의 가격표는 처음 봤을 때는 정말 충격이었다. (인쇄가 잘못된 줄 알았다!) 게다가 술을 진탕(!) 마시는 법도 이곳에서 배웠다.

교환학생 경험에 대해 유일하게 후회하는 것이 있다면, 더 일찍 (가령 열여덟 살) 떠나지 않은 것이다.

독립적으로 살았을 때 찾아온 변화

혼자 여행을 하다 보면 자연스럽게 독립심과 자립심이 높아진다. 그리고 어디에서 무엇을 하든 높은 독립심과 자립심은 살아남기 위해 반드시 필요한 덕목이다.

꿈을 이루는 데 다른 누구의 도움도 필요 없다. 내가 가장 좋아하는 양진아 작가도 내 생각과 비슷한 것 같다. 그녀의 말로 끝맺으려 한다.

"누군가가 꿈을 대신 이뤄주길 기다리지 말고 스스로 이뤄라. 스스로 고삐를 움켜쥐고 홀로 여행을 떠날 때, 스스로에게 의지할 수밖에 없게 된다."

6

비로소 발견하는
일상 바깥의 나

익숙한 사람들로부터 멀리 떨어져 낯선 곳에 홀로 덩그러니 서 있는 자신을 상상해보라. 다른 사람이 입혀준 선입견을 벗어던지고, 스스로를 옭아맨 의무를 끊어버리고, 나를 둘러싼 문명의 이기를 거부한 본연의 모습. 오직 나. 나의 몸. 나의 정신만이 존재하는 순간!

어떤 가식도 없이 온전히 나로 살아야 할 것 같지 않은가?

하지만 우리에게는 혼자 있을 시간이 거의 없다.
혼자 떠나는 여행의 여섯 번째 장점은 어떤 '잡음'도 없이 스스로를 알아갈 수 있다는 것이다.

혼자 떠나는 여행은 스스로를 발견하는 여행이다.

혼자 여행을 떠나면 '집-회사-집' 또는 '집-학교-집'이라는 일상의 공식에서는 탐구할 수 없던 자신의 성격 이면을 탐구할 수 있다. 일상에 젖어 어떤 행동을 왜 하는지 인식하지도 못한 채 습관적으로 살아가던 우리는 혼자 떠나는 여행을 통해 모든 감각이 고조되고, 다양한 자극에 우리 몸이 어떻게 반응하는지, 새로운 환경에서 내 마음은 어떻게 작동하는지, 낯선 사람을 어떻게 대하는지 조금씩 알아가게 된다.

혼자 떠나는 여행은 외로운 여행이 아니다. 혼자 있고 싶을 때 혼자 있을 수 있는 여행이다. 호텔방이든 파르테논신전이든 아마존 한복판이든 세부의 바다 속이든 에베레스트 꼭대기든 상관없다.

혼자 있고 싶을 때 혼자 있을 수 있다면 당신이 삶에 부여하고자 했던 의미를 깊이 생각해볼 수 있는 기회가 된다.

혼자 떠나는 여행은 스스로에 대해 생각해볼 수 있는 여행이다. 나의 진짜 모습에 가장 가깝게 접근할 수 있고, 무엇을 하고 싶어 하는지 깊이 이해할 수 있다.

멋진 말로 하자면, 우리에게는 자아성찰이 필요하고, 혼자 떠나는 여행은 자아성찰의 기회를 여행자에게 선물한다.

비로소 우리는 자신의 진짜 모습을 발견하게 된다.

혼자서 여행할 때, 우리는 본연의 모습 그대로 존재할 수 있는 기회를 얻는다. 타인의 판단으로부터 자유로워지고, 원하는 무엇이든 할 수 있다.

빠르게 움직여야 하는 대도시의 빡빡한 삶이 당신의 창의성을 가로막

혼자서 떠나는 여행은
스스로를 발견하는 여행이다.

고 있는 것 같다면 지금 당장 당신의 사고를 확장할 수 있는 드넓은 평원으로 떠나 새로운 감성을 발견할 혼자만의 시간을 가져라.

살아오면서 스스로를 억압해왔다면 혼자 떠나는 여행이 특효약이다. 그곳에서는 자신을 억압할 이유도 없고, 표현의 한계를 설정할 필요도 없다. 지금 당신이 있는 곳에서는 불가능하다고 생각했던 일을 벌여보자. (물론 타인과 현지의 관습에 대한 존중은 반드시 필요하다.)

이방인이라는 꼬리표가 제약이 되는 경우도 있지만, 대부분의 경우 가식 없이 자연스러운 당신의 모습 그대로로 존재해도 되는 면제부가 되어준다.

혼자 여행을 떠나보면 나조차도 모르고 있던 나를 만나게 된다. 프랑스를 떠나볼 생각을 단 한 번도 하지 않았던 내가 사실은 혼자 떠나는 여행을 좋아한다는 사실을 알게 되었고, 혼자 떠나는 여행이 주는 자유로움을 사랑하게 되었다.

또한 모두를 만족시킬 수 없다는 사실도 깨달았고, 인내심을 갖는 법과 웃는 법, 겸손함도 배웠다. 모든 것을 배울 수 있다는 것을 배웠고, 자신의 한계는 스스로 정해놓은 것이라는 사실도 배웠다.

혼자 여행을 할 때, 당신은 진짜 당신의 모습을 조금 더 빨리 발견할 수 있다.

진짜 자신을 발견하고 찾아온 변화

혼자서 떠나는 여행은 자기 자신뿐만 아니라 성격, 살아가는 목적, 재능, 타인과의 관계 등 자신이 사는 방식을 발견하는 여행이다. 게다가 우리에게는 상상력이라는 강력한 무기가 있다.

그런데 왜 새로운 삶과 새로운 과거를 만들려고 하지 않는가!

언제든 당신의 인생 이야기를 새롭게 시작하라. 걱정할 필요 없다. 아무도 눈치 채지 못할 것이고, 상관조차 하지 않을 것이다. (게다가 이 상상은 굉장히 재미있다.) 당신도 진짜 당신의 모습을 만날 때까지 혼자 떠나는 여행을 충분히 즐겼으면 좋겠다.

아멜리의 이야기

아직은 혼자 떠나는 것이 두려울 수 있다. 첫걸음을 아직 망설이고 있는 당신을 위해 아멜리의 이야기를 준비했다. 두려움을 이겨내는 데 다른 사람의 경험담을 들어보는 것만큼 좋은 방법도 없다.

지금부터 소개하는 아멜리는 장기여행에 중독된 배낭여행자다. 스물 아홉 살인데 벌써 여러 대륙을 횡단했고, 방문한 나라를 셀 수 없을 정도라 한다. 그녀의 이야기를 들어보자.

Q.
처음으로 혼자 여행을 떠난 것은 언제였고
기간은 어느 정도였나?

내가 처음으로 혼자 여행을 떠났던 때는 2009년 호주 워킹홀리데이였다. 물론 그 전에 잉글랜드에서 잠깐 살기도 했고, 유럽 여행을 한 적도 있지만, 호주 워킹홀리데이는 내게 조금 특별했다. 지구 반대편의 미지의 세계로 훌쩍 떠난 것이다!

내게는 혼자 해낼 수 있을 것 같다는 막연한 믿음뿐이었다. 그저 지금과는 전혀 다른 인생을 살고 싶다는 마음은 강렬했지만, 구체적인 계획은 전혀 없었다.

멜버른에 도착한 후 곧바로 웨이트리스로 일했다. 세상에서 가장 멋진 친구와 룸메이트가 되었고, 호주에서 8개월을 지내면서 곳곳을 종횡무진 했다. 그때 만난 인연은 지금까지도 아름답게 이어지고 있다.

혼자서 떠난 첫 여행이었지만 내 인생에 필요한 모든 것을 가져다준 여행이었다. 나는 더 행복해졌고, 프랑스에 돌아와서도 여전히 행복하다.

Q.
어떤 대륙과 어떤 나라를 여행했는가?

호주 워킹홀리데이 이후 아시아를 한 바퀴 돌았는데, 캄보디아와 필리핀과 사랑에 빠졌다. 유럽도 둘러보고 뉴욕의 분위기에도 잠깐 취했지만, 결국 아르헨티나에 정착했다.

남미는 정말 생동감 넘치고 열정적인 곳이다. 너무 사랑한 나머지 다시 가서 살기 위해 계획을 세우고 있다. 아르헨티나에서는 많은 일들이 제대로 돌아가지 않지만, 그럼에도 불구하고 매우 매력적인 나라다.

게다가 라틴 사람들은 정말 세계 최고다! 아르헨티나에서도 아름다운 우정을 쌓았지만, 새로 사귄 친구의 가족을 만나기 위해 방문한 베네수엘라는 나를 새로운 세상에 눈 뜨게 해준 사랑스러운 나라다. 누군가 나에게 베네수엘라에 대해 묻는다면, 20분 넘게 나의 열변을 들을 각오를 해야 할 것이다. 베네수엘라에 머물면서 파라과이, 우루과이, 브라질도 둘러보았다.

종종 몇 개 국가를 여행했는지 물어보는 사람들이 있는데, 기억이 부정확해서 그때그때 대답이 달라지는 바람에 조금 우스워지기도 했다. 하지만, 솔직히 말하면, 내가 발자국을 남긴 곳을 헤아릴 수 없다는 사실이 조금 기쁘기도 하다.

개인적으로 한 나라를 알기 위해서는 최소 6개월은 그곳에서 보내야 한다고 생각한다. 물론 여행의 속도는 여행자 자신의 취향에 따라 선택할 문제다.

나는 경쟁하듯 여행하는 것보다 여유롭게 시간을 보내는 여행을 좋아한다. 한 나라의 현지인들을 알아가기 위해 몇 개월씩 체류하면서 새로운 환경에 길들여지고, 새로운 일상을 만들어나가는 것을 즐긴다.

나는 매번 여행을 통해 한 뼘씩 성숙해져서 돌아온다.

Q.
왜 혼자서 여행을 떠나기로 결심했는지?

프랑스에서는 그다지 행복하지 않았다.

좋은 집에 살았고, 직장도 번듯했다. 쇼핑은 언제나 즐거웠지만, 무언가 항상 부족한 느낌이었다. 친구도 그 부족함을 채워주지 못했다.

커리어를 쌓고, 넓은 집을 사고, 대도시에 정착하는 것이 나의 꿈이 아니라는 사실을 깨달았다. 내 눈은 때로는 아시아의 오래된 사찰을 여행할 때, 때로는 수정처럼 맑은 물에서 수영하는 상상을 할 때 반짝거렸다.

나는 여행을 떠나야 했고, 모험에 도전했다.

나는 어려운 상황과 마주하기 위해 혼자 떠나고 싶었다.
이렇게 말하면 자학적으로 들리겠지만, 내가 중요하지 않은 것에 집중하며 살고 있다는 사실을 누구보다 잘 알고 있었다. 색다른 곳에서는 나를 고민하게 만들었던 문제들을 원점에서 다시 시작할 수 있을 것 같았다. 돈을 버는 것, 몸을 뉘일 곳을 찾는 것, 친구를 사귀는 것 같은 힘든 일들에 원초적으로 접근할 수 있을 것 같았다.

그리고 내 짐작은 맞아 떨어졌다.

나는 혼자서 떠난 여행을 통해 더 차분해졌고, 자신감을 얻었으며, 나의 진정한 가치를 발견했다. 살아가면서 어떤 부분에 집중해야 하는지도 깨달았다.

결국, 우리가 인생에서 하는 모든 행동은 감정을 경험하기 위함이다. 우리는 돈을 벌기 위해 일하기도 하지만 자신이 쓸모 있다는 느낌을 얻기 위해 일한다. 소비하기 위해 일하지만 스스로 매력적인 사람이라고 느끼기 위해 일한다.

우리는 사랑 받고 있다는 것을 느끼기 위해 사랑을 한다.

나는 살아 있음을 느끼고 싶었다.
스스로를 지속적으로 성찰하는 시간을 갖고 싶었다.
나는 혼자 떠나는 여행을 결심했다.

Q.
여행 중 가장 좋았던 추억은 무엇인가?

너무 많아서 대답하기 어려운데, 지금 떠오르는 것은 파타고니아 빙하 트레킹과 호주 자동차 여행이다. 이 두 경험을 통해 나는 절대적인 자유를 맛보았다. 정말 꿀맛 같았다. 내 안의 탐험가 정신이 깨어나는 것을 느낄 수 있었고, 경치는 정말 숨 막힐 정도로 아름다웠다.

Q.

가장 최악의 경험은 무엇인가?

다행스럽게도 여행하면서 그렇게 곤혹스러운 문제를 겪어본 적은 없다. 그래도 아찔했던 순간은 있었다. 베네수엘라 공항에서 몸수색을 당하고 세관에 계류되어 끝없이 질문을 받았었는데, 순식간에 일어난 일이라 식은땀이 절로 나긴 했다. (그때는 진짜로 누군가 몰래 내 배낭에 마약을 숨긴 게 확실하다고 믿었다.)

Q.

혼자 떠나는 여행을 잘 묘사할 수 있는 이야기를 하나 들려줄 수 있는가?

부에노스아이레스를 여행하며 만난 프레임나는 나를 전혀 예상하지 못했던 곳으로 데려다줬다. 베네수엘라 출신인 프레임나는 엉뚱한 성격이 매력이었다. (굉장히 전염성이 강한 웃음소리도 기억난다.)

우리는 처음 만난 순간부터 죽이 참 잘 맞았다. 몇 마디도 하지 않았는데 그녀가 나에게 자기 아파트를 나눠쓰자고 제안했다. 거절할 이유가 없었고, 4개월을 함께 살았다. 그리고 내 여행 기간은 1년 더 길어졌다.

프레임나의 가족과 함께 크리스마스를 보낸 기억과 베네수엘라 시골의 한 광장에서 메렝게 음악에 맞춰 춤을 춘 기억은 내게 가장 소중한 추억이다.

역설적으로 들리겠지만, 혼자 떠나는 여행은 모두 아름다운 인연으로 이어졌다.

신기하게도 내 주위에는 항상 매력적인 사람으로 가득했다. 혼자 여행을 떠나면서 나는 독립적인 존재가 되었는데, 그래서 더 포용적이고 더 열린 사람이 될 수 있었던 것 아닐까? 혼자 여행을 다니면서 기존의 친구들과는 완전히 다른 사람들을 만날 가능성을 스스로 열어놓은 것 같았다.

Q.
처음으로 혼자 떠났던 여행을 평가해본다면?

말할 수 없이 긍정적이다. 나는 프랑스에 새로운 사람이 되어 돌아왔다. 완전히 새로운 사람이 되어 돌아왔기에 다시 떠나야만 했다. 1년 후 남미로 떠났는데, 그곳에서 지금의 남자친구를 만났다. 우연이겠지만, 그는 호주 사람이다!

모든 것은 이렇게 연결되어 있다.

우연히 발생하는 일은 아무것도 없다.

매일 우리가 내리는 선택에 따라 우리 인생의 방향은 달라진다.

나는 정말로 그렇게 믿고 있다.

그래서 나는 지금 호주에 살고 있다.

Q.

혼자 떠나는 여행에 도전해야 할 이유는 무엇인가?

단순하게는 다른 곳에서 무슨 일이 일어나고 있는지 직접 눈으로 확인할 수 있기에 혼자 여행을 떠나야 한다. 인간은 늘 불평하는 경향이 있고, 특히 프랑스인들은 더 그렇다. 우리는 우리가 가진 것에 감사하기보다는 가지지 못한 것에 집중한다.

혼자 떠나는 여행에서는 어쩔 수 없이 스스로 문제를 해결해야 하는 불편한 상황이 발생한다. 이런 상황을 통해 우리는 소소한 행복의 가치를 깨닫고, 우리 주변의 사람들을 소중하게 여기게 된다. 또한 '나'라는 작은 존재의 굴레를 비로소 벗어버릴 수 있다.

여행은 또한 우리가 극복해야 하는 환경 문제에 대해서도 생각해볼 수 있는 기회를 준다. 이는 분명 우리의 소비 습관을 바꾸는 데 긍정적으로 기여할 것이다.

Q.
여행을 떠나기 전의 당신을 만난다면
무슨 말을 들려줄 것인가?

당장 여행을 떠나라! 여행은 아름다운 과정이다! 너 자신을 믿고, 꿈을 크게 품어라! 사람이 가진 장점과 경험에서 얻는 장점에 집중해라!

보석 같은 경험담을 들려준 아멜리에게 고마움을 전한다.
아멜리의 모험에 대해서 더 알고 싶다면 그녀의 블로그를 방문해보기 바란다.

mamaisonsurledos.com

7

변화에 쉽게 익숙해지는 적응력

혼자 떠나는 여행의 일곱 번째 장점은 어떤 상황에 맞닥뜨려도 적응할 수 있는 역량을 갖게 된다는 점이다.

여행을 떠나보면 우리는 살아왔던 문화와 생각하는 방식이 완전히 다른 사람들을 만나게 된다. 당신에게 익숙했던 환경과는 완전히 다른 세상이 펼쳐지는 것이다.
그곳은 당신이 처음 만나는 장애물들로 가득하다. 그 충격은 음식처럼 문화적인 것일 수도 있고, 빈곤의 현장 같은 감정적인 것일 수도 있다. 날씨처럼 당신에게 물리적인 충격을 주는 장애물도 만날 수 있다.

그나마 다행이라면, 이런 장애물들이 당신을 더 강하게 만들고, 더 개성적으로 만들어줄 것이라는 사실이다.

적응은 여행자의 의무다.

여행하면서 종종 자신의 문화와 관습을 고수하는 관광객들을 만나기도 한다. 여행자라면 적응은 일종의 의무다. 여행지를 나에게 맞추려는 것은 해서는 안 되는 행동일뿐더러 전혀 소용없는 짓이다. 프랑스인들은 이런 경향이 심각한데, 타고나기를 그렇게 타고났는지 세계 어딜 가든 불평불만을 쏟아낸다.

현지의 문화와 규범, 관습을 존중하지 않고 현지인들을 존중하지 않는 태도는 당장 버려라.

이런 태도와 행동은 반드시 당신의 여행을 망친다.

예를 들어보자.

미국의 도로교통규범은 까다롭기로 유명하다. 당신이 길을 걷고 있다면 빨간불에 횡단보도를 건널 생각은 하지 않는 게 좋다. 운전 중이라면 항상 규정 속도 이상으로 달리던 예전의 습관은 접어두는 것이 좋다. 평소처럼 아무렇게나 주차를 해서도 안 된다.

만약 하던 대로 행동한다면?

깜짝 놀랄만한 액수의 벌금이 당신의 여행을 치밀하게 망쳐줄 것이다.

인도나 태국, 인도네시아 같은 아시아 국가를 방문한다면 도로교통법이 당신의 여행을 망치는 경우는 거의 없다. 그곳에서는 '존중'하는 태도를 중요하게 생각한다. 만약 당신이 부적절한 차림으로 인도의 힌두 성지를 방문한다면, 또는 목소리를 높이거나 주먹다짐 같은 약간의 신체접촉으로 분쟁을 처리하려 한다면 해결은커녕 영 좋지 못한 상황에 처하게 될 것이다.

적응은
여행자의 의무다.

다른 문화, 다른 환경, 다른 인종, 다른 언어를 접하고 적응할수록 우리는 더 많은 것들을 배울 수 있다는 사실을 항상 기억했으면 좋겠다.

처음으로 동남아시아를 방문했을 때 나를 가장 먼저 반겨준 것은 숨이 턱하고 막히는 습한 날씨였다. 첫 방문지였던 쿠알라룸프르는 기온도 높았고 습도는 더 높았다.

동남아시아 특유의 기후는 정말로 견디기 힘들었다. 땀이 비 오듯 쏟아졌고 몸 상태도 너무 좋지 않아서 여행의 목적을 바꿔야 하나 진지하게 고민했다.

3일 후 필리핀 마닐라에 도착했을 때도 같은 문제가 나를 괴롭혔다. 심지어 마닐라는 대도시라 환경오염마저 심각했고 사람도 바글바글

했다. 어디에 가든 가난을 목격해야 했다. 나는 이 도시의 공기에 질식할 것 같았다.

하지만 여행자의 본능에 따라 숨 막히는 날씨에 조금씩 익숙해졌고, 이제는 갑작스러운 변화에 다시 처한다고 해도 처음과 같은 수준으로 타격을 입지 않게 되었다.

2014년에 다시 인도네시아와 필리핀을 여행했을 때는 날씨 문제로 더 이상 고통 받지 않았다. 나 홀로 여행을 계속하면서 딱히 동남아시아가 아니더라도 낯선 나라에 적응하는 데 오랜 시간이 필요하지 않게 되었다.

적응력이 향상되면서 일어난 변화

변화는 적응을 수반한다. 수 세기 전, 수천 년 전부터 환경은 변해왔고 인간은 변화한 환경에 적응해왔다.

적응은 인간에게 지극히 자연스러운 일이다.

여행은 매일같이 변화를 마주하는 일이다. 특히 혼자 떠나는 여행에서는 말 그대로 의존할 수 있는 일행도 없기에 어쩔 수 없이 적응을 선택해야 한다. 앞서 말했던 것처럼 인간은 적응하게끔 진화해왔다. 처음에는 어렵겠지만 몇 가지만 조정하면 훨씬 편안해질 것이다.

혼자 떠나는 여행을 통해 강화된 적응 능력은 일상에서도 유용하다. 당신이 이직을 했다고 생각해보자. 당신은 새로운 회사, 새로운 동료, 새로운 시스템에 적응해야 한다. 하지만 당신은 이미 혼자 떠나는 여행에서 더 심각한 상황들을 홀로 선택하고 적응하며 해결해왔다. 그런 당신이 어떤 어려움을 겪겠는가?

여행하는 시간이 쌓여갈수록 경험도 함께 쌓인다. 특히 어려운 상황을 혼자 겪어봤다면 적응하는 능력 또한 더욱 강화될 것이다. 자신감은 높아질 것이고, 눈앞에 놓인 도전과제들을 해결하는 일이 더 수월하게 느껴질 것이다. 앞으로 맞닥뜨릴 인생에서 어떤 장애물을 만나더라도 당신에게는 무엇이든 뛰어넘을 수 있는 자신감이 생길 것이다.

8

대담하게 도전을
사랑하는 법

우리에게 닥친 일상적인 도전을 당당하게 받아들이고 수월하게 뛰어 넘기 위한 가장 강력한 가르침은 혼자 떠나는 여행을 통해 얻을 수 있다. 내가 무엇을 가르쳐줄 필요도 없다.

당신은 분명 도전을 사랑하게 될 것이다.

혼자 떠나는 여행의 여덟 번째 장점이 바로 이것이다. 혼자 여행을 하다 보면 하루하루가 진정한 도전이 된다. 지속적으로 안전지대를 벗어나고, 새로운 것을 배우고, 낯선 환경에 적응할 수 있게 된 당신은 이제 더 이상 도전 앞에서 주눅 들지 않을 것이다.

혼자 떠나는 여행 자체가 하나의 도전이다.

혼자 떠나는 여행에서는 우리가 일상에서 접하지 못했던 완전히 새로운 형태의 도전에 직면한다. 여행지에서 만나는 도전은 모든 사람이 인생에서 찾아 헤매고 있는 짜릿함을 우리에게 선물한다. 당신이 도전을 만난다면 분명 아드레날린이 엄청나게 치솟을 것이다.

우리가 혼자 떠나는 여행에서 마주하게 될 도전에는 어떤 것들이 있을까? 내 경우에는 다음과 같은 **도전 과제**가 나를 짜릿하게 만들었다.

소통을 위해 기본적인
외국어 단어 학습하기

상대방을 알아가기 위해
낯선 사람과 대화하기

대중교통
이용하기

지도나 스마트폰 없이
도시의 한 구역
탐색하기

이동을 위해서
히치하이킹하기

낯선 음식
경험하기

카우치서핑으로
낯선 이의 집에서
숙박하기

혼자 떠나는
여행 자체가
하나의 도전이다.

처음에는 공항 직원에게 말 거는 것조차 두려웠다.

하지만 언제나처럼 시간이 지날수록 도전은 식은 죽 먹기처럼 쉬워졌다. 자신감이 생겼고, 쭈뼛거리지 않게 되었다. 특히 스스로에 대해 더 깊이 알게 되었다.

이러한 일상의 도전 과제 외에도 여행 중에 우리는 자기 나라에서보다 훨씬 더 많은 낯선 혹은 대담한 활동들을 경험하는 경향이 있다. 각종 체험 활동의 비용이 더 저렴하기도 하고 혼자서 떠나는 여행은 항상 위험을 동반하기 때문이기도 하다.

우리는 여행지에서 좀 더 대담해진다.

게다가 할 수 있는 활동도 다양하고 비용도 저렴해서 잠들어 있던 우리의 도전정신이 저절로 깨어난다. 덕분에 예전에는 해볼 생각조차 하지 못했던 것들에 도전하기 쉬워지는 것일 수도 있다.

어쩌면 위험할 수도 있지만, 혼자 떠나는 여행은 이 모든 것을 감당할 수 있는 훨씬 더 많은 시간이 주어진다!

콜롬비아에 머물 때 노래경연대회 심사위원으로 참가했던 적이 있다. 전국으로 송출되는 방송이었고, 심지어 스페인어로 진행되는 프로그램이었다. 프랑스어 실력을 겨루는 대회라 우연히 알게 된 주최자 중 한 사람이 내게 심사위원을 제안했고, 나는 흔쾌히 도전을 받아들였다. (방송이라니 짜릿할 것 같지 않은가!)

당연히 진행은 잘하지 못했지만 무척 재미있는 경험이었고, 능숙한 라디오 진행자 덕분에 즐거운 시간을 보낼 수 있었다.

인도네시아 말랑에서 생애 처음으로 도전했던 패러글라이딩을 생각하면 지금도 아드레날린이 폭발하는 느낌이다. 당신도 도전해본다면 분명 나와 같은 흥분을 맛볼 수 있을 것이다.

도전 과제들을 겪은 후 일어난 변화

혼자 떠나는 여행에서는 할 수 없다고 생각했던 것들을 하게 되는 즐거움을 얻을 수 있다. 게다가 도전이 더 이상 위험한 것이 아니라고 느끼는 순간, 영원히 고칠 수 없을 것 같던 성격마저 변화시킬 수 있다. 여행을 마치고 집에 돌아왔을 때, 낯선 이에게 말을 걸고, 혼자 파티에 가고, 새로운 운동에 도전하는 자신을 발견할 수 있을 것이다.

혼자 여행을 마치고 돌아온 당신에게 어떤 도전도 전과 같은 두려움을 줄 수 없다.

9

연결된 인연만큼의
수많은 기회

혼자 떠나는 여행의 아홉 번째 장점은 사교의 장을 전 세계로 확장할 수 있다는 점이다.

함께하는 여행을 하다보면 아무래도 일행끼리 뭉치려는 경향이 있는데, 혼자 여행을 하다보면 타인에게 열린 마음으로 다가갈 수 있게 된다. 덕분에 혼자 떠나는 여행에서는 수많은 사람들을 만날 기회가 주어진다. 현지인이든 같은 여행자든 주재원이든 우리는 만나려고만 하면 여행길에서 다양한 사람을 만날 수 있다.

혼자 떠나는 여행에서는 외로울 시간이 없다.

혼자 떠나는 여행에 대한 대표적인 선입견 중 하나는 '외로움'이다. 낯선 여행지의 게스트하우스 구석에서 홀로 쓸쓸히 있는 모습을 상상하고, 누구와도 대화를 나누지 않는 고독한 모습을 떠올린다.

혼자 떠나는 여행에 대해 이보다 더 잘못된 선입견은 없다. 가장 낯가림이 심한 여행자에게도 이런 일은 절대 발생하지 않는다.

혼자 여행을 하면 필연적으로 다음 **두 상태**에 이르게 된다.

누군가와 미치도록
이야기하고 싶어진다.
(아니면 혼자서
있어야 하기 때문에)

사람들이
나에게 다가오기가
훨씬 쉬워진다.
(혼자이기 때문에)

혼자 떠나는
여행에서는
외로울 시간이 없다.

혼자 있기 때문에 이야기할 누군가가 필요해지고, 혼자 있기 때문에 사람들은 경계를 풀고 내게 말을 걸기 시작한다. 이 상태가 계속되면 우리는 더 열린 사람이 되고 사람들을 향해 더 쉽게 다가서게 된다.

혼자서 여행을 다녀온 사람들에게 여행하면서 다양한 사람들을 많이 만났는지, 그들과 쉽게 친해질 수 있었는지 물어보면 언제나 같은 대답을 들을 수 있을 것이다. 그들은 분명 수많은 사람들을 만날 수 있었고, 그 만남이 여행이 남긴 가장 좋은 추억이었다고 말해줄 것이다.

길 위에서의 만남은 여행을 풍요롭게 만든다.

하루 동안의 친구, 길 위의 동행자, 여행 마니아, 상냥한 호스트, 인생의 친구… 어떤 종류의 만남이 되었든 당신을 풍요롭게 만들 것이고 사교의 범위를 넓혀줄 것이다.

혼자 떠나는 여행에서 사람을 만나는 가장 간단한 방법은 세 가지다.

- 게스트하우스에 머물면서 다른 여행자들과 친해지기

- 카우치서핑을 하거나 현지 축제에 참여하기

- 현지인들에게 그 도시와 지역에 대해 질문하기

나는 더 이상 길 위에서 있었던 만남의 횟수를 세지 않는다.

그동안 정말 수많은 사람들을 만났다.
어떤 만남은 짧았고, 어떤 만남은 지금까지 이어지고 있다.
이 모든 만남은 한결같이 나를 풍요롭게 만들어줬다.

갑작스럽게 3개월짜리 휴가가 생긴 2014년 3월의 어느 날이었다. 그저 쉬고 싶었고, 잿빛 도시를 벗어나고 싶었다. 나는 곧바로 필리핀으로 향했다. 운이 좋으면 여행자 친구들과 재회해 열대의 섬에서 살아 있음을 만끽하고 싶었다.

여행의 마지막을 장식한 곳은 보라카이였다. 사흘짜리 여정이었는데, 사실 보라카이에 가기까지는 큰 결심이 필요했다. 보라카이는 매우 붐비는 휴양지였고, 다른 섬에 비해 물가도 많이 비쌌기 때문이다.

그럼에도 불구하고 나는 보라카이의 화려한 파티를 즐기고 싶었다. 아름다운 화이트비치를 누비며 2년 전 인연이 닿았던 친구를 다시 만나기 위해 고민 끝에 결심을 내렸다. 하지만 애초에 만나려 했던 친구는 너무 바빠서 나에게 할애할 시간이 얼마 없었다.

실망할 겨를이 없었다. 나는 주어진 시간을 만끽하기 위해 새로운 친구를 찾아 나서야 했다. 마침 그날 저녁은 여행자들이 20유로를 지불하면 보라카이의 여러 바와 클럽을 돌면서 무료 음료를 마실 수 있는 일종의 '펍-데이'였는데, 말 그대로 분위기가 보장된 저녁이었다. 나는 우스꽝스러운 노란 셔츠를 입고 칵테일 잔을 든 채로 밤을 지새울 준비가 되어 있었다!

이런 특별한 날에는 사람들과 말을 섞는 게 무척 수월하다. 그냥 "안녕, 어디서 왔어? 난 파리에서 왔어" 정도의 말만 던져도 대화가 쉽게 시작된다.

그날 밤 많은 사람들을 만나 이야기를 나눴는데, 특히 콜롬비아에서 온 알렉산드라와 이야기가 잘 통했다. 우리가 얼마나 잘 맞았냐면, 한동안 쓰지 않아서 녹슬었던 스페인어가 내 입에서 술술 나올 지경이었다.

보라카이에서의 행복한 시간을 뒤로 하고 나는 프랑스로 돌아왔고, 알렉산드라는 아시아와 남아메리카로 여행을 떠났다.

2014년 10월, 나는 혼자 떠나는 여행의 다음 목적지로 콜롬비아를 선택했고, 조언을 듣기 위해 알렉산드라에게 메일을 보냈다. 당연히 낯선 곳에 있을 것이라고 생각했던 그녀가 지금 콜롬비아에 있다고 알려왔다.
사실 당시만 해도 그렇게 일찍 그녀를 다시 만나게 될 것이라고 상상조차 하지 못했다. 그녀는 내 콜롬비아 여행의 첫 단추를 훌륭하게 꿰어주었고, 과분한 가이드가 되어주었다.

나는 혼자 떠나는 여행을 통해 지구 저편의 사람을 만나고, 헤어지고, 다시 만나왔고, 또 다른 새로운 친구를 사귀었다. 이런 만남은 여행을 하는 동안 수없이 반복되었다.

이제 나는 길 위에서의 만남은 반드시 다시 이어지리라는 것을 믿어 의심치 않는다.

계속되는 만남이 가져온 변화

많은 만남은 많은 기회를 내포한다.

여행이든 직장 생활이든 연애든, 만남은 일어날 수 없을 것 같은 일들을 일어나게 한다. 혼자 여행을 하다보면 기존에 알고 있던 친구들과는 전혀 다른 종류의 친구들을 만들게 된다.

다른 성격, 다른 국적, 삶을 바라보는 다른 관점을 가진 친구들을 만나면서, 당신의 시야는 넓어진다. 엄청나게 많은 것들을 배우게 되고, 다른 사람, 특히 자신에 대해 배울 수 있다. 게다가 다른 사람들과 그들의 반응에 대한 이해의 폭이 넓어지기 때문에 사회생활도 더 편안해질 것이다.

타인을 향해 손을 내밀고, 새로운 만남을 만들어가는 동안 당신은 더 강력한 자신감으로 가득 찬 당신을 만나게 될 것이다.

더 많은 친구들을 만들고 더 많은 경험을 할 수 있는데, 무엇을 주저하고 있는가?

10

어떤 상황에도
열린 마음

혼자 떠나는 여행의 열 번째 장점은 더 포용력 있고, 더 열린 마음을 가진 사람이 된다는 점이다.

여행은 일반적으로 열린 마음을 갖게 한다. 혼자 떠나는 여행은 특히 그렇다. 혼자 떠나온 여행자는 마음의 문을 활짝 열어젖힌 상태로 머무는 국가와 문화, 처해진 상황을 받아들이게 된다. 그렇게 다른 문화를 배우게 되고, 다른 가치와 풍속을 배우게 된다. 다르게 살아가는 방식과 다르게 생각하는 방식을 배운다.

혼자 떠나는 여행의 어떤 힘이 우리의 마음을 열게 하는 걸까?

목적지에 따라 정도의 차이는 있겠지만, 우리는 혼자 여행을 떠날 때 지금까지와는 완전히 다른 환경에 처하게 된다. 그 환경은 이상한 부분도 있고, 흥미로운 지점도 있을 것이다. 신날 수도 있고 지루할 수도 있다.

혼자 떠나는 여행에서 충격은 피할 수 없다.

내가 속해 있던 문화와 거리가 먼 나라일수록 우리가 경험하게 될 문화충격은 강력해진다. 어쩌면 당신은 눈앞에 보이는 것들, 경험하는 모든 것들에 동의하지 못할 수도 있다. 지극히 당연한 일이다. 하지만 이런 다름의 요소를 관찰하고 경험한다면 우리를 둘러싼 세계를 좀 더 깊이 이해할 수 있게 된다.

콜롬비아에서 현지인들의 생활을 관찰하면서 나는 여러 가지 궁금한 것들이 생겼다. 왜 그들은 한 지붕 아래 전부(조부모, 부모, 아이들, 심지어 이모들까지!) 모여 사는 걸까? 왜 매일 아침 사람들은 길거리에서 신에게 성물을 바치는 걸까? 왜 밤이 되면 문을 걸어 잠그고 밖으로 나오지 않는 걸까? 대부분의 20대 여성들이 일찍 결혼해서 아이를 갖는 이유는 뭘까?

어떻게 이렇게 행복해하고, 항상 웃을 수 있는 걸까?

내가 할 수 있는 가장 좋은 방법은 이해하고 노력하는 것이다. 어떻게 그럴 수 있는지 직접 물어보는 것이다. 대부분의 사람들은 내가 그들에게 관심을 갖는 것을 즐거워하며 내 질문에 성의 있게 대답해줬다.

여행을 하면서 우리는 그 나라의 장점과 단점, 문제점 혹은 이미 활용되거나 활용되지 못한 잠재력을 자신의 나라와 비교하게 된다.
실제로 많은 사람들이 자신의 나라가 안고 있는 많은 문제점 때문에

혼자 떠나는 여행에서
충격은
피할 수 없다.

그곳을 떠나려 한다. 하지만 다른 곳에 도착해 여행하다 보면 실제로 자신의 나라가 그 정도로 형편없지는 않다는 사실을 깨닫게 된다. 오히려 실제로 우리가 얼마나 복에 겨웠는지 깨닫게 해줄 수도 있다.

혼자 떠나는 여행은 우리의 불행을 객관적으로 보게 한다.

'제3세계'라고 불리는 많은 나라에서 매일 사람들이 마주해야 하는 문제점에 비하면 우리 삶의 문제점들은 종종 우스꽝스럽게 보이기도 한다. 이를 깨닫기 위해 우리는 두 눈으로 이를 직접 목격해야 한다.

혼자 여행을 떠나면 이런 차이점을 더 쉽게 이해할 수 있고, 더 깊이 절감하게 된다.

혼자 여행을 떠날 때마다 내 마음은 점점 더 크게 열렸고, 덕분에 우리 지구와 지구 위의 인간에 대한 이해가 깊어질 수 있었다.

필리핀과 인도네시아 여행은 겸손과 감사, 그리고 내가 만끽하고 있는 자유에 대해 다시 생각할 수 있는 시간이었다. 캐나다와 미국에서 보낸 몇 달은 앵글로색슨의 문화를 이해하는 시간이었다. 미국의 역동성과 창업가정신을 동경해왔지만, 나는 극단적으로 미국화된 체제에서는 생활할 수 없다는 것도 깨달았다.

무엇보다 수많은 여행을 통해 나는 어떤 편견 없이 그 누구와도 대화를 나눌 수 있게 되었다. (내가 얻은 가장 큰 능력 중 하나다!)

열린 마음을 갖게 된 후 찾아온 변화

열린 마음은 모든 것을 제어하지 않으면서도 다른 이를 신뢰할 수 있게 한다.

여행을 하면 할수록 우리는 대부분의 사람들이 우리를 헤칠 '나쁜' 의도가 없다는 사실을 깨달을 수 있다. 다른 사람들을 판단하지 않음으로써 편견이 생기지 않고, 자신을 놓을 수 있으며, 신뢰를 쌓을 수 있다.

또한 열린 마음은 비판적 사고를 발전시킨다.

당신을 둘러싼 세계와 사람들을 더 깊이 이해하고, 관철시키고자 하는 생각이 있을 때 구체적인 예시를 통해 논리적인 주장을 펼칠 수 있다.

새로운 아이디어에 더 포용적인 사람이 된다.

여행에서 보고 경험한 것들을 통해 우리는 세상에 불가능이 없다는 것을 배웠다. 지금까지 만나왔던 여행자들은 언제나 일정 수준 이상의 겸손함과 경청하는 자세를 나뿐만 아니라 그들이 만난 모든 이들에게 보여줬다.

닫힌 마음은 소통과 배움과 성장의 장애물이다.
여행의 장점을 최대한 빨아들이기 위해 마음을 열고 지금 여행을 떠나라.

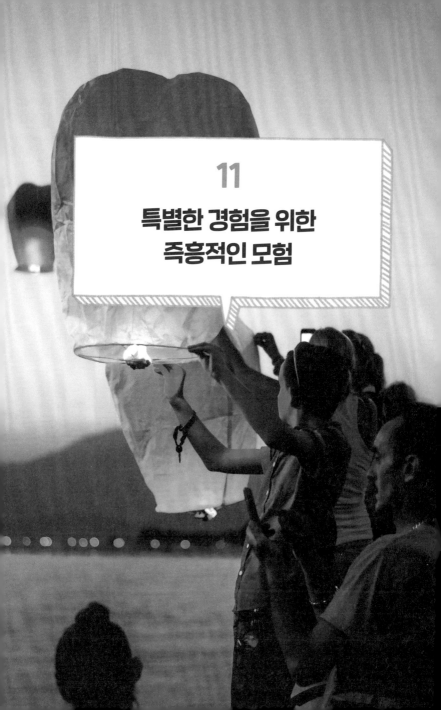

11

특별한 경험을 위한 즉흥적인 모험

혼자 떠나는 여행의 열한 번째 장점은 여행을 최적화할 수 있다는 점이다.

여행의 목적은, 그것이 어떤 여행이든, 새로운 모험이다. 이 바람은 혼자 있을 때 최고조에 달한다. 지금 이 순간을 최대한 즐기고, 지금 머물고 있는 나라를 최대한 즐겨야 한다.
그렇다면 어떻게 해야 평범함을 벗어날 수 있을까?

혼자 떠나는 여행에서는 가능한 모든 경험을 만끽할 수 있고, 이를 최대한 즐길 수 있도록 일정을 최적화할 수 있다.

혼자 여행을 떠나면 세상은 당신의 것이 된다.

당신의 세상에서는 당신이 원하는 것이 현실이 된다. 누구에게든, 어떤 상황에서든 당신의 마음이 내키면 "YES"라고 외칠 수 있다.

영화 〈예스맨〉에서 짐 캐리는 직장 생활과 연애 전선에 권태기를 겪는 칼 알렌을 연기한다. 매사에 부정적이던 알렌은 친구의 권유로 한 자기계발 프로그램에 참석하는데, 그곳에서 모든 일에 "YES"라고 대답하게 되는 마법에 걸리게 된다.

"NO"를 입에 달고 살던 알렌은 자신에게 찾아온 모든 기회를 받아들이기로 결심한 후 인생이 180도 바뀌기 시작했다. 번지점프에 도전하고, 한국어를 배우고, 온라인 데이트로 만난 여자친구와도 잘되어간다. 여러 우여곡절도 있었지만, 그의 삶에 빛이 되는 에피소드들이 펼쳐지면서 지루했던 일상은 유쾌하게 바뀌게 된다.

혼자 떠나는 여행에서 당신은 알렌이 경험한 '긍정적인 사고가 행운을 부른다'는 깨달음을 얻을 수 있다. 여행을 하는 동안 발생하는 다음과 같은 기회에서 "YES"라고 대답하라. (물론 법과 도덕의 틀에서는 벗어나지 않아야겠다.)

- 지금 만난 사람과 한잔 하러 외출하기

- 즉흥적으로 산책하기

- 파티에 합류하기

- 한 번도 해보지 않은 운동하기

- 갑자기 목적지를 변경하고 누군가와 동행하기

혼자 여행을 떠나면
세상은 당신의 것이 된다.

이런 도전이 전형적으로 마무리될지 혹은 대단한 결과로 마무리될지는 나도 알 수 없다. 만약 알고 싶다면 기회를 붙잡고 직접 뛰어드는 수밖에 없다.

혼자 떠나는 여행에서는 원하는 무엇이든 선택할 수 있는 선택권이 주어진다. 운명을 결정할 수 있는 고삐를 쥐고 있는 사람은 전적으로 나다.

누군가를 따라 모험을 감행한다는 점이 얼핏 두렵게 느껴질 수 있다. 하지만 어떤 여행은 이런 즉흥성이 주는 보상이 전부일 때도 있다.

좌절된 계획과 새로 수정된 계획 덕분에 멋진 모험을 한 경우는 셀 수 없이 많다.

나는 현지인들이 참가하는 독특한 파티를 좋아하는데, 특별할 게 없는 유명한 클럽보다 훨씬 더 매력적이고, 변화무쌍하다. 필리핀 팔라완 섬에서 내가 경험한 파티는 혼자 여행을 떠나야 하는 이유를 당신에게 마련해줄 것이다.

그날의 일정은 하루 종일 배를 타는 것이었다. 배가 뭍에 닿자마자 구석에 있던 현지인이 옆 마을에 큰 파티가 열린다고 알려줬다. 무척 피곤했지만, 나는 새로 사귄 두 명의 여행자에게 동행하자고 제안했다.

우리는 툭툭이를 빌려 깜깜한 어둠속에서 어디로 가는지도 모르는 채 30분을 달렸다. 뜬금없는 곳에 도착했을 때는 몇백 명이나 되는 사람들이 야외 농구장에서 스피커 볼륨을 최고로 틀어놓고 춤을 추고 있었다.

직접 제조한 럼주가 넘쳐흐르는 곳에 도착했다는 사실을 깨달은 우리는 눈이 휘둥그레졌다. 우리는 그 파티에 참석한 유일한 외국인이었고, 유일한 백인이었다. (일종의 구경거리였다.) 그 밤의 끝 무렵은 기억이 잘 나지 않지만, 밤새 신나게 놀았다는 기억만은 분명했다. 이보다 더 현지 느낌 충만한 경험을 어떻게 찾을 수 있겠는가!

인도네시아 카와이젠과 브로모를 혼자 올랐던 경험 또한 굉장했다. 일출을 보기 위해 아침 일찍 일어나 새벽 내내 트레킹을 했는데, 이때 두 눈으로 목격한 자연의 신비는 값어치를 매길 수 없을 만큼 소중한 경험이었다.

캐나다 국립공원에서 탄 카약과 필리핀에서 배운 오토바이, 인도네시아 산호초 사이를 누비던 스쿠버다이빙은 내가 "YES"라고 응답했기 때문에 할 수 있었던 최고의 경험들이다.

그리고 이 경험들을 통해 나는 더욱 풍요로운 감정을 느끼게 되었다.

특별한 경험이 일으킨 변화

모든 것이 가능하다. 거짓말이 아니다.

여행을 하면서 우리는 지금까지 불가능하다고 생각했던 모든 것들을 시도해볼 수 있다. 앞서 도전에 대해 설명했는데, 당신은 여행을 통해 자신을 더 놓아버릴 수 있고, 낯선 세계로 향할 수 있다.

그리고 이는 여행에서 돌아온 후의 일상적인 삶에도 적용된다. 모험은 우리가 살고 있는 집 주변에서도 시도할 수 있다. 한 번도 가보지 않았던 집 근처 술집에 가보는 것도 모험이고, 그냥 지나치기만 했던 청소부 아저씨에게 인사를 건네는 것도 모험이 될 수 있다.

말 그대로, 우리는 모든 것을 신나는 모험으로 바꿀 수 있다!

여행 중에 마주하게 되는 어떤 모험도 포용할 수 있다는 느낌은 우리에게 황홀감을 준다. 포용할 수 있는 자유는 그 어떤 자유보다 나를 강하게 한다.

이제 이 감정을 당신도 느껴볼 시간이다.

12
비용 문제로부터의 해방

혼자 떠나는 여행의 마지막 장점은 굉장히 자본주의적이다.

여행 경비를 절약할 수 있다.

보통 우리는 비용을 절감하기 위해 패키지여행처럼 여럿이 함께하는 여행을 선택한다. 하지만 혼자 떠나는 여행에서도 충분히 비용을 절감할 수 있다. 모든 결정을 혼자 할 수 있기 때문이다.
어떻게 돈을 절약할 수 있을까?

비용의 70퍼센트는 목적지 선택에 달렸다.

예산을 좌우하는 가장 큰 요소는 바로 목적지다. 여행의 목적지로 인도네시아를 선택할 것인지 미국을 결정할지에 따라 최소 세 배 이상의 비용 차이가 발생한다. 우리가 혼자 여행을 떠날 때 목적지를 가장 고민해야 하는 이유가 바로 이것이다. 숙박비, 활동비, 식대 등 그 밖의 비용에 대한 정보*를 떠나기 전에 잘 숙지해야 한다.

---

* 목적지를 선택하기에 앞서 각종 흥미로운 통계자료를 제공하는 사이트를 방문해보는 것을 추천한다.
  글로벌 도시통계 사이트 넘베오 numbeo.com
  물가 수준 비교 사이트 익스패티스탄닷컴 expatistan.com

개인적으로 비용도 저렴하면서 안전하고 흥미로운 나라로 인도네시아와 태국, 캄보디아, 인도, 네팔, 니카라과, 에콰도르, 볼리비아, 헝가리, 루마니아를 추천하고 싶다.

핵심은 목적지를 정할 때 친구들의 말에 휩쓸려 예산 범위 밖에 있는 비싼 곳을 선택하지 않는 것이다. 우리는 혼자 떠날 것이고, 내 속도와 '예산'에 맞춰 선택해야 한다.

여행은 타이밍이다.

혼자 여행을 떠난다면 언제 떠날지 내가 결정할 수 있다.
그리고 여행은 시기가 대단히 중요하다.

성수기에는 항공료와 숙박비 등 모든 게 비싸다. 비수기 혹은 성수기도 비수기도 아닌 시기 중 항공료가 가장 쌀 때를 골라 떠나라. (항공료는 온라인 사이트를 통해서도 쉽게 비교할 수 있다.) 관광객도 훨씬 적을 것이고, 숙박비가 됐든 활동비가 됐든 현지에서 생활할 때 가격 흥정도 더 수월하게 할 수 있을 것이다. 간단히 구글에 검색만 해도 어떤 기간을 선택해야 할지 참고할 수 있는 정보를 쉽게 얻을 수 있다.

여행은

타이밍이다.

숙소도 문제다. 혼자 떠나는 여행에서는 어디서 묵을지 스스로 선택할 자유가 있다. 안락함? 청결함? 과감히 접어둬도 상관없다. 일행의 다양한 요구를 더 이상 고려하지 않아도 된다는 뜻이다.

물론 혼자라면 호텔이나 에어비앤비를 통해 숙소를 예약할 때 애로사항이 발생한다. (만약 침대 하나를 함께 사용해야 하는 경우라면 더더욱 그렇다!) 숙박 인원에 따라 가격이 달라지지 않는 게스트하우스나 유스호스텔, 가격을 흥정할 수 있는 작은 호텔이나 민박을 찾는 게 유리하다. 비수기에는 주도권이 내게 있으니 잘 활용하기 바란다.

참고로 카우치서핑을 한다면 공짜로도 잘 수 있다. 혼자 여행을 하는 사람에게 호스트는 좀 더 너그러워진다. 그리고 사람들이 우려하는 것보다 카우치서핑은 훨씬 안전하다.

나는 성수기를 피할 수 있다면 피하고, 그럴 수 없다면 성수기 극초반에 간다. 성수기 때 여행을 간 적은 거의 없다. (나는 관광객으로 미어터지는 상황을 정말로 싫어한다!)

물가가 비싼 나라를 여행할 때는 직접 요리를 하기도 한다. 여행 경비를 절약하기 위해서다. 물론 숙소도 게스트하우스, 유스호스텔, 카우치서핑을 이용한다. 2015년 1월에 나는 미국 캘리포니아에서 2주를 보냈는데, 친구 집과 카우치서핑으로 숙박을 해결했다. 호텔에는 단

하루도 묵지 않았다.

나는 돈을 많이 소비하지 않아도 되는 물가가 저렴한 나라를 위주로 여행을 하는 주의다. 지금도 콜롬비아에 있는데, 프랑스보다 물가가 세 배는 더 저렴하다!

절약한 돈으로 만드는 변화

혼자 하는 여행에서는 모든 소비가 내 예산에 맞춰져 있기 때문에 절약은 당연한 수순이다. 이렇게 절약한 예산을 내가 하고 싶은 활동에 배정할 수 있다!

여행지에는 스쿠버다이빙, 각종 익스트림스포츠, 며칠 내내 해야 하는 트레킹처럼 비용이 제법 발생하는 활동들이 있다. 최대한 절약해서 내가 하고 싶은 활동에 투자하거나 내가 하고 싶은 활동에 최대치로 투자하고 나머지를 아끼거나 마찬가지다.

더 안락한 숙소에서 잘 것인가?

더 많은 경험을 할 것인가?

모든 것이 당신이 정한 우선순위에 달려있다.

제레미의 이야기

여기서는 내가 정말 존경하는 여행 방식으로 여행하고 있는 제레미 마리를 소개한다. 그는 아주 소수의 사람만이 달성할 수 있는 일을 해냈다. 무려 5년 동안 세계 곳곳을 히치하이킹으로 여행한 그의 이야기를 들어보자.

Q.
처음으로 혼자 여행을 떠난 것은 언제였고
기간은 어느 정도였나?

사실 스물세 살에 대학을 졸업하고 본격적으로 경제 활동을 시작하기 전까지만 여행을 할 계획이었다. 집을 나선 정확한 날짜도 기억나는데, 2007년 10월 8일이었다.

나는 정확히 5년 5개월하고 5일이 지나서야 집에 돌아왔다. 2013년 3월 12일이었고, 마침 스물아홉 살 생일날이었다.

Q.
어떤 대륙과 어떤 나라를 여행했는가?

방문한 나라만 71개국에 이른다. 당초 나의 계획은 히치하이킹으로만 이동하는 것이었고, 실제로 총 18만 700킬로미터의 거리를 1,752대의 차량을 타고 이동했다. 전 세계의 마음이 넉넉한 운전자들 덕분에 이 여정을 성공적으로 마칠 수 있었다.

여행의 첫 여정은 프랑스 캉에서 출발해 이스탄불에 도착하는 것이었다. 서유럽 전역과 발칸반도를 횡단했고, 이스탄불에 도착한 후 중동

지역으로 두 번째 여정을 떠났다. 아랍의 봄 혁명이 일어나기 전의 시리아도 그때 여행할 수 있었다.

중동에서 아프리카로 넘어간 후에는 카이로에서 케이프타운까지 종단했다. 에티오피아와 말라위, 수단을 여행했고, 케이프타운에서는 배를 얻어 타고 태평양을 건너 중앙아메리카 파나마로 향했다. 북아메리카 알래스카 페어뱅크에 도착하는 데 1년이 걸렸고, 다시 세계의 끝으로 불리는 아르헨티나 최남단 우수아이아를 거쳐 콜롬비아 카르타헤나에서 아메리카 대륙 여행의 끝을 맺었다.

콜롬비아에서는 선원으로 일하기도 했다. 덕분에 뉴질랜드 오클랜드를 향한 4개월간의 항해를 경험할 기회를 얻었다. 항해하면서 갈라파고스와 폴리네시아, 통가를 들렀는데, 정말 지구 속 천국이라고 부를 만했다.

뉴질랜드에서 호주로 이동하기 위해 컨테이너선을 얻어 탔고, 동남아시아와 중국도 여행지 목록에 있다. 중앙아시아의 '스탄'으로 끝나는 국가들을 거쳐 페르시아 문명이 탄생한 이란에 도착했다. 이후 터키를 출발해 유럽을 역방향으로 횡단했고, 2013년 3월, 때 아닌 눈이 내리던 프랑스 캉으로 돌아왔다.

Q.
왜 혼자서
여행을 떠나기로 결심했는가?

나는 나를 둘러싼 세계를 이해하고 그 세계를 구성한 사람들의 관점에서 세상을 바라보고 싶었다. 그러기 위해서는 열린 마음이 필요했고, 혼자 떠나온 여행자라면 특히 만남에 훨씬 더 마음이 열려 있다. 덕분에 다른 문화를 더 쉽게 배울 수 있었다.

실제로 히치하이킹을 하며 다음 목적지까지 이동하기 위해서는 전적으로 다른 사람에게 의존할 수밖에 없다. 내가 마음이 닫혀 있는데 다른 사람에게 마음을 열어 나를 태워달라고 할 수 있겠는가?

Q.
여행 중 가장 좋았던 추억은
무엇인가?

이 여행은 지금까지 내 인생에 영향을 미치고 있다. 발리에 머물던 때였다.

나는 그곳에서 지금의 아내를 만났다.

혼자 여행을 하던 5년 동안 내 안에서 새로운 열망이 자라났다. 나는 다른 사람과의 만남 덕분에 성숙해질 수 있었지만, 다음 목적지로 떠나기 위해서는 이렇게 쌓아올린 인간관계를 지속적으로 단절해야만 했다. 장기적인 인간관계, 그러니까 가족을 갖고 싶다는 열망이 내 안에서 자연스럽게 솟아났다.

"모든 인간은 두 가지 욕구 사이에서 갈등한다. 배를 타고 싶은 욕구, 즉 자신을 탈피하고자 하는 욕구와 나무의 욕구, 즉 자기정체성을 뿌리내리고 싶은 욕구 사이에서 방황하는 인간은 때로는 배를 타고 싶은 욕구에, 때로는 나무의 욕구에 따른다. 인간의 방황은 항해하는 배가 뿌리가 깊은 나무로 만들어진다는 사실을 이해하기 전까지 계속된다."

바누아투 멜라네시아의 신화는 내 열망을 정말 완벽하게 묘사해준다.

Q.
가장 최악의 경험은
무엇인가?

여행을 하면서 나를 태워준 많은 운전자들이 내 여행 방식이 너무 위험하다고 말했다. 하지만 히치하이킹을 하면서 폭력적인 행동을 경험한 적은 단 한 번도 없었다.

오히려 나에게 총을 겨누고 얼마 있지도 않은 값나가는 물건을 강탈해간 사람은 베네수엘라 카라카스에서 만난 경찰이었다! 물론 특이한 상황이긴 했는데, 이상하게도 이 일 이후 더 이상 길가에서 히치하이킹을 할 필요가 없어졌다. 알 수 없는 세상이다.

Q.
혼자 떠나는 여행을 잘 묘사할 수 있는 이야기를
하나 들려줄 수 있는가?

혼자 떠나는 여행은 모든 가능성이 열려 있다.

스스로 알아서 할 수 있다면 목적지는 무한대로 늘어난다. 배를 얻어타고 태평양을 횡단한 경험이 '혼자 떠나는 여행'의 수수께끼 같은 가능성을 잘 보여준다.

나는 태평양 너머 호주까지 데려다 줄 교통수단을 찾기 위해 콜롬비아의 항구와 요트클럽을 샅샅이 뒤지고 있었다. 남아프리카공화국에서 파나마까지 배를 얻어 탄 경험을 바탕으로 나는 선장들에게 내가 제공할 수 있는 서비스(요리사, 불침번, 심부름꾼 같은)를 설명했다.

며칠 후 한 선장에게 뉴질랜드 오클랜드까지 태워주겠다는 연락을 받았다. 캄신이라는 이름의 범선이었다. 그는 모든 선박이 만선이라 일행이 있다면 배를 얻어 타기 힘들었을 것이라고 내게 말했다.

그는 또 배 한가운데, 그러니까 사람들의 동선이 죄다 겹치는 곳의 한가운데에서 자야 한다고 말했다. 나는 잠자리에 민감하지 않았고, 결국 혼자 떠나온 덕분에 캄신의 마지막 선원이 될 수 있었다. 만약 일행이 있었다면 지금도 콜롬비아의 항구를 쏘다니고 있지 않았을까?

Q.
처음으로 혼자 떠났던 여행을
평가해본다면?

내 삶의 주요 목표 중 하나는 존재의 이유를 찾는 것이다. 그러기 위해 모든 주제에 관심을 기울이고 최대한 많은 것들을 배우고 싶었다.

그리고 나는 이 여행을 통해 정말로, 완전히, 만개해서 돌아왔다.

나는 5년 동안의 긴 여행을 충실하게 수행했고, 덕분에 최소한 한 걸음은 더 내딛은 느낌이다. 세상을 혼자 여행하는 것은 새로운 문화에 부딪히는 일이고, 살아가는 일이며, 생각하는 새로운 방식을 발견하는 일이다.

혼자 떠나는 여행은 고착화되었던 서구적인 정신세계의 굴레를 넓혀줬다. 다른 문명을 접하고 교류하면서 나는 내가 살아가는 방식을 바꿀 수 있고, 대안적인 삶의 방식 또한 가능하다는 사실을 믿을 수 있게 되었다.

Q.
혼자 떠나는 여행에 도전해야 할
이유는 무엇인가?

혼자 떠나는 여행에서는 행복하고 의미 있는 삶을 위해 무엇이 필요한지, 열정이란 무엇인지, 내가 관심을 두지 않는 것은 무엇인지 스스로 정의 내려야 한다. 나는 여행에서 배운 것들을 통해 결과적으로 나에 대해 더 깊이 알 수 있게 되었다고 자부한다.

혼자 떠나는 여행에서 경험하는 모든 것들이 개인의 역사가 된다.

우리는 여행을 하면서 선택을 내려야 하는 수많은 상황에 노출된다. 즉, 생각할 거리가 많아지는 것이다. 이 과정에서 우리는 스스로를 알

아가게 된다. 이 과정을 경험한다면 일상적인 삶에서도 우리는 배움을 얻을 수 있게 된다.

Q.
여행을 떠나기 전의 당신을 만난다면
무슨 말을 들려줄 것인가?

여행을 떠나기 전에 우리를 괴롭히는 가장 큰 어려움은 출발을 결정하는 것이다. 낯선 것들은 불확실성을 내포하고, 우리는 불확실성을 두려워한다.

두려움을 이겨내고 길을 떠나는 것을 주저하지 말라.

여행 전의 제레미에게, 그리고 혼자 여행을 떠나기로 선택한 모든 이에게 해주고 싶은 조언이다. 그 두려움 너머에서 아름다운 만남과 어디에서도 얻을 수 없는 배움이 당신을 기다리고 있다.

내가 장담할 수 있다.

흥미진진한 경험담을 들려준 제레미에게 감사의 마음을 전한다.

마찬가지로 제레미의 모험에 대해서 더 알고 싶다면 그의 블로그를 방

문해보기 바란다.

http://tour-du-monde-autostop.fr/

당신도 절대
후회하지 않을 것이다

혼자 떠나는 여행은 두려움으로 시작된다.

하지만 며칠 혹은 몇 주 혹은 몇 달을 혼자서 여행한 당신은 이제 여행을 떠나기 전의 그 사람과 더 이상 같은 사람이 아니다.

이제 당신은 완전히 새로운 사람이다.

자신감으로 가득하고, 독립적이다.
사교적이고, 모험심으로 가득하다.
이제 당신은 일상적인 삶에서도 혼자 떠나는 여행에서 찾은 진짜 나
로 살아간다.

다른 사람이 해주길 기다릴 필요도 없다.
그저 당신이 원하는 삶을 살아라.

혼자 떠나는 여행의 장점을 일일이 나열하려면 이틀은 더 필요할 것
같다. 하지만 다른 사람이 하는 말에 귀를 기울일 필요 없다. 그 다른
사람에는 당연히 나도 포함된다. 지금까지 이 책에서 혼자 떠나는 여
행의 장점을 소개했지만, 어떤 프레임에도 빠질 필요 없다.

세상을 발견하기 위해 떠날 가까운 미래의 여행자들에게, 혹은 지금
여행을 하고 있을 여행자들에게 하나만은 약속할 수 있다.
당신은 절대 후회하지 않을 것이다.

ps1. 만약 다음 책을 출간하게 된다면 다음과 같은 이야기를 더 자세히 다루고 싶다.

여행 중에 어떻게 사람들을 만날 것인가?
여행 중에 만난 사람들과 어떻게 친구가 될 것인가?
어색함을 깨기 위한 대화법에는 어떤 것들이 있는가?
지루한 대화를 어떻게 타파할 수 있는가?

ps2. 다음 책을 쓸 수 있게 많은 도움 부탁한다.
내 블로그를 방문한다면 (여러 가지 의미로) 분명 도움이 될 것이다.

michaelpinatton.com

이미지 출처

프롤로그
저자 블로그

혼자 떠나는 여행이 내게 가르쳐준 것들
photo by Matthew Smith, Annie Theby on Unsplash

1
photo by Marten Bjork, Brett Patzke on Unsplash

2
photo by Andre Benz, Andhika Soreng on Unsplash, Jdvillalobos on wikipedia

3
photo by Holly Mandarich, Syd Sujuaan on Unsplash, 저자 블로그

4
photo by Jaime Handley, Kenny Luo, Jakob Owens on Unsplash

5
photo by Alex Gorey, Andrew DesLauriers on Unsplash, by Pixabay

6
photo by Bryan Minear, Siriwan Srisuwan on Unsplash, 저자 블로그

아멜리의 이야기
mamaisonsurledos.com